1

HUNDE GESUNDHEITS BIBEL

HUNDEO.COM

HUNDEO.COM

Herausgeber:
Hundeo
Enrico Bachmann
Wildenbruchstraße 30
12045 Berlin
Mail: info@hundeo.com

2. Auflage
Bildnachweise:
Grafiken von www.hundeo.com
Bilder von Depositphotos & Pixabay

ISBN 978-3-9821458-0-8

Für alle Hundefreunde

INHALT

3. Diese Tipps steigern die Gesundheit deines Hundes

4. Checkliste deiner Hundeapotheke

5. Die häufigsten Gesundheitsprobleme

"Der Hund ist das einzige Wesen auf Erden, dass dich mehr liebt, als sich selbst." (Josh Billings)

1 Warum wir dieses Buch geschrieben haben

Hunde

Hunde sind die treusten Gefährten, die sich ein Mensch nur vorstellen kann. Sie lieben einen bedingungslos und würden alles für einen tun. Aus genau diesem Grund wollen wir Hundebesitzer nur das Beste für unsere vierbeinigen Lieblinge. Wir zeigen ihnen unsere Liebe durch das gemeinsame Spielen, die vielen Streicheleinheiten und vor allem durch die grenzenlose Fürsorge. Auf die Gesundheit unserer Fellnasen zu achten ist das wichtigste für uns. Nur so können wir sichergehen, dass sie ein langes und unbeschwertes Leben führen werden.

Was ein Hund braucht und wie man Gesundheitsprobleme erkennt, kann niemand von Anfang an wissen. Es ist ganz normal, dass wir beim ersten Hund noch nicht alles über die richtige Zahnpflege oder wichtige Schutzimpfungen wissen. Auch erfahrene Hundebesitzer lernen immer wieder dazu. Das wichtige ist, dass wir uns immer wieder informieren, in Büchern nachlesen und neugierig bleiben. Es gibt so viele wichtige Themen, mit denen sich jeder Hundehalter einmal beschäftigt haben sollte. Denn nur wer sich mit den Grundlagen der Hundegesundheit auskennt, kann Gesundheitsprobleme und mögliche Krankheiten erkennen und schnell handeln.

Wir haben dieses Buch geschrieben, damit wir dich als Hundebesitzer optimal unterstützen können. Dieses Buch soll als dein kompakter Ratgeber zu wichtigen Gesundheitsthemen gelten und dich informieren, was du selbst wissen solltest und ab wann der Zeitpunkt richtig ist, zum Tierarzt zu gehen. Denn dieses Buch soll den Besuch beim Veterinärmediziner nicht ersetzen!

Durch die kompakte Form kannst du es einfach mitnehmen

und schnell nachschlagen, falls du dein Wissen auffrischen möchtest. Hier findest du nicht nur die wichtigsten Grundlagen, sondern auch Ernährungstipps, Checklisten sowie hilfreiche Grafiken.

Damit wir die bestmöglichen Informationen liefern können, haben wir zur Unterstützung den Tierarzt Mag.med.vet. Emin Jasarevic zur Prüfung der Inhalte hinzugezogen.

Für die Gesundheit deines Lieblings. Für mehr Lebensfreude mit deinem Hund.

Über den Veterinärmediziner Mag.med.vet. Emin Jasarevic

Als ich die Anfrage von Hundeo zu diesem Buch bekam, war ich sehr überrascht, dass es ein Buch in dieser Form noch nicht für Hundebesitzer gab. Denn ich bin der Meinung, dass jeder Hundefreund zumindest ein solides Grundwissen zur Hundegesundheit besitzen sollte. Denn nur dadurch kannst du in verschiedenen Situationen schnell handeln und weißt Bescheid, ob du deinen Hund selbst helfen kannst oder der Gang zum Tierarzt sofort erfolgen sollte.

Die Informationen und Tipps in diesem Buch wurden sorgfältig recherchiert und geprüft und können für dich die Grundlage sein, für ein gutes Wissen zur Hundegesundheit. Wenn du mehr Inhalte von mir sehen magst, dann besuche mich gerne auf meinen YouTube Kanal "Tierisch Gesund", wo ich wöchentlich neue Videos zum Thema Tiergesundheit veröffentliche. Denn es ist meine Mission, dein Wissen zur Hundegesundheit zu fördern.

2 Grundlagen der Hundegesundheit

2.1 WIE ALT WERDEN HUNDE?

Im Durchschnitt werden unsere Fellnasen zwischen 10 und 13 Jahre alt. Je nach Rasse und Körpergröße des Hundes gibt es jedoch Unterschiede.

In diesem Kapitel erfährst du etwas über die Lebenserwartung deines Hundes und wie du zu einem langen Leben beitragen kannst.

Die Frage, wie alt Hunde werden, lässt sich nicht pauschal beantworten. Die Lebenserwartung hängt von vielen verschiedenen Faktoren ab, wie:

- Rasse, Genetik
- Rassengröße
- Lebensumstände
- Ernährung
- Pflege
- Aktivität

Jeder Hund hat dementsprechend verschiedene Voraussetzungen. Trotzdem kann die durchschnittliche Lebenserwartung einer Hunderasse berechnet werden.

· Kleine Rassen: bis zu 15 kg Körpergewicht
· Mittlere Rassen: 15 bis 45 kg Körpergewicht
· Große Rassen: mehr als 45 kg Körpergewicht

Faustregel: Je kleiner die Rasse ist, desto höher ist die Lebenserwartung.

Normalerweise leben größere Arten im Tierreich länger. Elefanten und Wale gehören zum Beispiel zu den größten und langlebigsten Tieren der Erde. Warum das bei Hunden nicht genauso ist, war lange Zeit ein Rätsel für die Wissenschaft.
Eine Studie von Dr. Cornelia Kraus (Universität Göttingen) brachte neue Erkenntnisse. Demnach haben größere Hunderassen eine beschleunigte Wachstumsrate. Die Entwicklungsphase eines Welpen der großen Rasse geht schneller voran als die der kleinen Rasse. Die Zellalterung ist unterschiedlich und somit ist auch die Krebsrate bei großen Rassen höher.

Die durchschnittliche Lebenserwartung nach Größe beträgt:

- Kleine Rassen: 10 bis 15 Jahre
  (Einige sogar bis zu 18 Jahre)
- Mittlere Rassen: 10 bis 13 Jahre
  (Einige auch länger)
- Große Rassen: 8 bis 12 Jahre
- Riesenrassen: 8 bis 10 Jahre

Nach Angaben des American Kennel Club hat die Bordeaux-dogge mit durchschnittlich 5 bis 8 Jahren die kürzeste Lebenserwartung. Der Coton de Tuléar (Baumwollhund) wird mit 15 bis 19 Jahren am ältesten.

Hier findest du eine Tabelle der verschiedenen Rassen und deren Lebenserwartung in alphabetischer Reihenfolge.

Lebenserwartung in Jahren	
Affenpinscher	12 - 15
Afghanischer Windhund	12 - 18
Airedaleterrier	11 - 14
Akita	10 - 13
Alaska-Schlittenhund	10 - 14
American Eskimo Dog	13 - 15
American Foxhound	11 - 13
American Staffordshire Terrier	12 - 16
American Water Spaniel	10 - 14
Amerikanischer Nackthund	14 - 16
Anatolischer Hirtenhund	11 - 13
Australian Shepherd	12 - 15
Australian Silky Terrier	13 - 15
Australian Terrier	11 - 15
Australischer Treibhund	12 - 16

Lebenserwartung in Jahren	
Barsoi	9 - 14
Basenji	13 - 14
Basset Hound	12 - 13
Beagle	10 - 15
Bearded Collie	12 - 14
Beauceron	10 - 12
Bedlington Terrier	11 - 16
Belgischer Schäferhund	12 - 14
Bergamasker Hirtenhund	13 - 15
Berger de Picardie	12 - 13
Berger des Pyrénées	15 - 17
Berner Sennenhund	7 - 10
Bernhardiner	8 - 10
Bichon Frise	14 - 15
Black and Tan Coonhound	10 - 12
Bloodhound	10 - 12
Bluetick Coonhound	11 - 12
Boerboel	9 - 11
Bordeauxdogge	5 - 8
Border Collie	12 - 15
Border Terrier	12 - 15
Boston Terrier	11 - 13
Bouvier des Flandres	10 - 12
Boxer	10 - 12
Boykin Spaniel	10 - 15
Briard	12 - 12
Brittany	12 - 14
Brüssler Griffon	12 - 15
Bulldogge	8 - 10
Bullmastiff	7 - 9
Bullterrier	12 - 13

Lebenserwartung in Jahren		Lebenserwartung in Jahren	
Cairn Terrier	13 - 15	English Coonhound	11 - 12
Cane Corso	9 - 12	English Foxhound	10 - 13
Cavalier King Charles Spaniel	12 - 15	English Setter	12 - 12
Chesapeake Bay Retriever	10 - 13	English Springer Spaniel	12 - 14
Chihuahua	14 - 16	Entlebucher Sennenhund	11 - 13
Chinese Crested	13 - 18	Field Spaniel	12 - 13
Chinook	12 - 15	Finnischer Lapphund	12 - 15
Chow Chow	8 - 12	Finnischer Spitz	13 - 15
Cirneco dell'Etna	12 - 14	Flat-Coated Retriever	8 - 10
Clumber Spaniel	10 - 12	Französische Bulldogge	10 - 12
Cockerspaniel	12 - 14	Glatthaar-Foxterrier	12 - 15
Cockerspaniel	12 - 14	Glen of Imaal Terrier	10 - 15
Collie	12 - 14	Golden Retriever	10 - 12
Coton de Tuléar	15 - 19	Gordon Setter	12 - 13
Curly-Coated Retriever	10 - 12	Greyhound	10 - 13
Dackel	12 - 16	Großer Schwe zer Sennenhund	8 - 11
Dalmatiner	11 - 13	Harrier	12 - 15
Dandie Dinmont Terrier	12 - 15	Havaneser	14 - 16
Deerhound	8 - 11	Irischer Wolfshund	6 - 8
Deutsch Drahthaar	14 - 16	Irish Red and White Setter	11 - 15
Deutsch Kurzhaar	10 - 12	Irish Setter	12 - 15
Deutscher Pinscher	12 - 14	Irish Terrier	13 - 15
Deutscher schäferhund	7 - 10	Irish Water Spaniel	12 - 13
Dobermann-Pinscher	10 - 12	Islandhund	12 - 14
Dogge	7 - 10	Italienisches Windspiel	14 - 15
Drahthaar Vizsla	12 - 14	Japan Chin	10 - 12

Lebenserwartung in Jahren	
Kanaan Hund	12 - 15
Keeshond	12 - 15
Kerry Blue Terrier	12 - 15
King-Charles-Spaniel	10 - 12
Komondor	10 - 12
Korthals	12 - 15
Kuvasz	10 - 12
Labrador Retriever	10 - 12
Lagotto Romagnolo	15 - 17
Lakeland Terrier	12 - 15
Leonberger	7 - 7
Lhasa Apso	12 - 15
Löwchen	13 - 15
Malinois	14 - 16
Malteser	12 - 15
Manchester Terrier	15 - 17
Mastiff	6 - 10
Mastino Napoletano	7 - 9
Miniaturbullterrier	11 - 13
Miniature American Shepherd	12 - 13
Mittelschnauzer	13 - 16
Mops	13 - 15
Neufundländer	9 - 10
Norfolk Terrier	12 - 16
Norwegischer Buhund	12 - 15
Norwegischer Elchhund	12 - 15
Norwegischer Lundehund	12 - 15
Norwich Terrier	12 - 15
Nova Scotia Duck Tolling Retriever	12 - 14

Lebenserwartung in Jahren	
Old English Sheepdog	10 - 12
Otterhund	10 - 13
Papillon	14 - 16
Parson Russell Terrier	13 - 15
Pekinese	12 - 14
Pembroke Welsh Corgi	12 - 13
Petit Basset Griffon Vendéen	14 - 16
Pharaonenhund	12 - 14
Plott Hound	12 - 14
Podenco Ibicenco	11 - 14
Podengo Português	12 - 15
Pointer	12 - 17
Polski Owczarek Nizinny	12 - 14
Portugiesischer Wasserhund	11 - 13
Pudel	10 - 18
Puli	10 - 15
Pumi	12 - 13
Pyrenäen-Berghund	10 - 12
Rat Terrier	12 - 18
Rauhaar-Foxterrier	12 - 15
Redbone Coonhound	12 - 15
Rhodesian Ridgeback	10 - 12
Riesenschnauzer	12 - 15
Rottweiler	9 - 10
Russell Terrier	12 - 14

Lebenserwartung in Jahren	
Saluki	10 - 17
Samoyede	12 - 14
Schipperke	12 - 14
Schwarzer Russischer Terrier	10 - 12
Scottish Terrier	12 - 15
Sealyham Terrier	12 - 14
Shar-Pei	8 - 12
Shetland Sheepdog	12 - 14
Shiba Inu	13 - 16
Shih Tzu	10 - 18
Sibirischer Husky	12 - 14
Skye Terrier	12 - 14
Sloughi	10 - 15
Soft Coated Wheaten Terrier	10 - 12
Spanish Water Dog	12 - 14
Spinone Italiano	10 - 12
Staffordshire Bull Terrier	12 - 14
Sussex Spaniel	13 - 15
Tervueren	12 - 14
Tibetan Spaniel	12 - 15
Tibetan Terrier	15 - 16
Tibetdogge	10 - 12
Toy Fox Terrier	13 - 15
Treeing Walker Coonhound	12 - 13
Tschechischer Terrier	12 - 15
Ungarischer Vorstehhund	12 - 14

Lebenserwartung in Jahren	
Weimaraner	10 - 13
Welsh Corgi Cardigan	12 - 15
Welsh Springer Spaniel	12 - 15
Welsh Terrier	12 - 15
West Highland White Terrier	13 - 15
Westgotenspitz	12 - 15
Whippet	12 - 15
Xoloitzcuintle	13 - 18
Yorkshire Terrier	11 - 15
Zwergpinscher	12 - 16
Zwergschnauzer	12 - 15
Zwergspitz	12 - 16

Leben Mischlinge länger?

Es stimmt, dass Mischlingshunde durchschnittlich länger leben. Züchter von reinrassigen Hunden nehmen bei der Zucht das Aussehen und die Größe als Kriterium. Dabei ist die Lebenserwartung oft zweitrangig. Würden die Zuchthunde jedoch nach diesem Ansatz ausgewählt werden, könnte die Lebenserwartung der Rasse erhöht werden.

Dennoch gilt: Wer möglichst lange mit seinem Hund leben möchte, sollte sich einen eher kleinen Mischling aussuchen.

„Hundejahre" vs. „Menschenjahre"

Die Regel, dass 1 Hundejahr 7 Menschenjahren entspricht, ist schon längst Vergangenheit. Die Umrechnung ist komplexer, denn auch die Körpergröße und das Körpergewicht müssen mit einbezogen werden.

Die folgende Tabelle stellt Schätzungswerte für die Umrechnung dar.

„HUNDEJAHRE" VS. „MENSCHENJAHRE"

Hundejahre	Menschenjahre		
	große Rassen > 45 kg	mittlere Rassen 15-45 kg	kleine Rassen < 15 kg
0,5	8	10	15
1	14	18	20
1,5	18	21	24
2	22	27	28
3	31	33	32
4	40	39	36
5	49	45	40
6	58	51	44
7	68	57	48
8	76	63	52
9	85	69	56
10	94	75	60
11	99	80	64
12		85	68
13		90	72
14			76
15			80
16			84
17			88
18			92
19			96
20			99

So sorgst du bei deinem Hund für ein langes und erfülltes Leben

„Bluey" ist ein echter Rekordhalter. Im Guiness-Buch der Rekorde wurde er als ältester Hund gekürt. Der Australische Jagdhund erreichte stolze 29 Jahre und 5 Monate. Er verbrachte sein Leben in Australien als Arbeiterhund zwischen Rinder und Schafen und wurde im November 1939 eingeschläfert.

So ein hohes Alter ist natürlich eine Ausnahme. Es zeigt aber, dass die Lebenserwartung einer Rasse wie oben in der Tabelle mit einer gesunden Lebensweise überschritten werden kann. Natürlich hängt die Lebenserwartung eines Hundes nicht nur von seiner Rasse oder seinem Gewicht ab. Seine Lebensgestaltung ist mindestens genauso ausschlaggebend. Je gesünder und aktiver ein Hund ist, desto höher kann seine Lebenserwartung sein.

Diese 4 Tipps sind das Einmaleins für eine hohe Lebenserwartung und ein ausgefülltes Leben:

1. Stelle sicher, dass du deinem Hund eine ausgewogene Ernährung bietest. In dem Kapitel 3 erfährst du mehr über wichtige Vitamine, wirksame Öle und sinnvolle Ergänzungsmittel.

2. Achte auf viel Bewegung. Ob Spazierengehen, Joggen oder Herumtoben: Sport und Bewegung sind ausschlaggebend für eine gesunde Lebensweise und ein langes Leben.

3.   Körperliche Pflege und seelische Fürsorge sind ebenfalls wichtig. Regelmäßige Zahnpflege, Krallenschneiden und Zeckenkontrolle gehören genauso dazu wie viel Liebe, Streicheleinheiten und gemeinsame Zeit. Wenn sich dein Hund rundum wohl fühlt, wird er ein zufriedenes und sicherlich auch langes Leben führen.

4.   Gehe mit deinem Liebling regelmäßig vorsorgend zum Tierarzt. So können Symptome schnell erkannt und schwerwiegende Krankheiten vorgebeugt werden.

Der Weg ist das Ziel

Natürlich möchten wir alle, dass unsere Liebsten uns ein Leben lang begleiten. Doch Statistiken zur Lebenserwartung hin oder her: Einige Dinge können wir einfach nicht beeinflussen. Durch eine gesunde Lebensgestaltung kann die Lebenserwartung unserer Fellnasen in vielen Fällen verlängert werden. Trotzdem gibt es leider Krankheiten und Umstände, durch die unsere Lieblinge uns früher verlassen müssen. Zu den häufigsten Ursachen gehören Krebs, schwere Verletzungen, Erbkrankheiten und Infektionen.

Aus diesem Grund solltest du nicht nur darauf achten, deinem Hund ein langes Leben zu ermöglichen. Das wichtigste ist, dass dein Liebling ausgeglichen und glücklich lebt. Der springende Punkt ist nicht nur die Quantität sondern vor allem die Qualität der Zeit, die ihr miteinander verbringt.

Unsere Hunde denken nicht über die Zukunft oder ihre Lebens-erwartung nach, sondern leben voll und ganz in der Gegen-wart. In diesem Punkt können wir wirklich noch viel von ihnen lernen.

2.2 WAS DÜRFEN HUNDE ESSEN?

Wer kann dem bettelnden Hundeblick schon widerstehen? Be-sonders beim Essen können wir oft gar nicht anders, als unseren Fellnasen den einen oder anderen Bissen abzugeben. Trotzdem sollte die Gesundheit deines Hundes immer im Vordergrund stehen. Hier erfährst du, welche Obst- und Gemüsesorten ge-sund und welche Lebensmittel für Hunde tabu sind.

Darf mein Hund das essen?

Sicher!

Fisch · Quark Hütten-käse · gekochtes Ei · Gurke · Apfel

Erdbeere · Karotten · gekochte Kartoffel · Rind, Lamm,-Hirschfleisch Geflügel · Granat-apfel

In Maßen

Banane · gekocht/gedämpfter Blumenkohl · Reis · Ananas · Käse

Rote Beete · Melone · Nudeln · Brot

schwer verträglich

Kohl-gemüse · kalte Nahrung · Getreide bei Glutenunverträglichkeit · Milch

Giftig!

Pilze · Nacht-schatten-gewächse · rohes Eiklar · Koffein · Trauben

Makadamia Nüsse + Bitter-mandeln · rohes Schweine-fleisch · Avocado · Zwiebel-gewächse · Alkohol · Schoko-lade

www.hundeo.com

29

30 gesunde Obst- und Gemüsesorten

Unsere Hunde sind fester Teil unserer Familie. Eine gesunde Ernährung ist dabei das A und O für unsere Lieblinge. Viele wissen gar nicht, wie wichtig frisches Obst und Gemüse für Hunde ist. Sie greifen deswegen bei der Auswahl des Hundefutters auf industriell hergestellte Produkte zurück. Einige dieser Produkte haben den Nachteil, dass sie zu viel Zucker und zu wenig andere Nährstoffe enthalten. Die fehlenden Mineralstoffe und Vitamine können durch Obst und Gemüse aufgenommen werden. Aber Vorsicht: Die empfindlichen Hundemägen vertragen nicht jede Sorte.

Genau wie auch wir Menschen benötigen Hunde die in Obst und Gemüse enthaltenen Vitamine und Mineralstoffe. Ohne diese Inhaltsstoffe kann der Organismus nicht mehr richtig funktionieren. Dank bestimmter Vitamine und Mineralstoffe regenerieren sich unsere Zellen und das Immunsystem wird gestärkt. Außerdem sind sie für den Aufbau von Knochen und Blutkörperchen notwendig. Bei der Ernährung deines Hundes ist es daher sehr wichtig, dass er regelmäßig Obst und Gemüse zu sich nimmt. In der Regel sollten ca. 150 g Obst und 250 g Gemüse täglich zur Verfügung gestellt werden. Natürlich variiert diese Richtlinie je nach Rasse, Körpergewicht und Bedarf.

Hier findest du eine Liste von 30 gesunden Obst- und Gemüsesorten. Achte darauf, dass einige davon nur in geringen Mengen oder nach bestimmter Zubereitung gefüttert werden dürfen. Generell empfehlen Nahrungsexperten, Gemüse gekocht, gedünstet und püriert zu verfüttern.

Gesunde Obst und Gemüse Sorten
für deinen Hund

- enthalten lebenswichtige Minerale und Vitamine
- regenerieren Zellen
- Immunsystem wird gestärkt

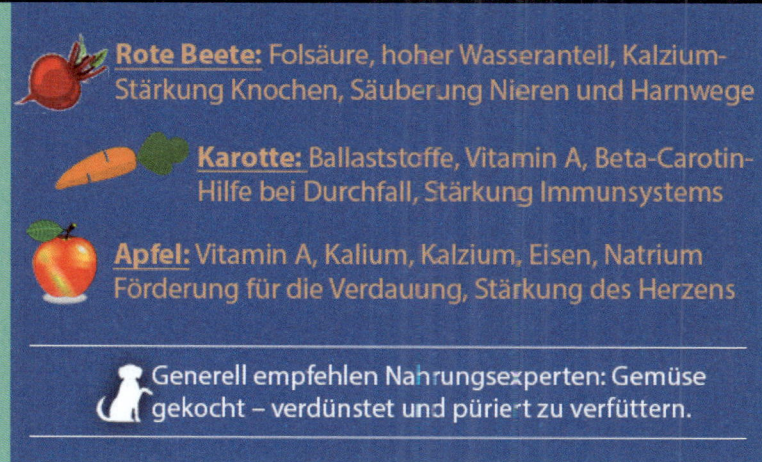

Rote Beete: Folsäure, hoher Wasseranteil, Kalzium-Stärkung Knochen, Säuberung Nieren und Harnwege

Karotte: Ballaststoffe, Vitamin A, Beta-Carotin-Hilfe bei Durchfall, Stärkung Immunsystems

Apfel: Vitamin A, Kalium, Kalzium, Eisen, Natrium Förderung für die Verdauung, Stärkung des Herzens

Generell empfehlen Nahrungsexperten: Gemüse gekocht – verdünstet und püriert zu verfüttern.

Sorte	Bemerkungen
Apfel	vor dem Füttern Kerne entfernen
Aprikose	nur sehr reife Früchte wenig verabreichen, da hoher Säuregehalt
Banane	kann bei vermehrter Verfütterung zu Verstopfung führen
Birne	nur in geringen Mengen nur reife Früchte, vor dem Füttern Kerne entfernen
Blumenkohl	nur in geringen Mengen, sonst Blähungen, gekocht/gedämpft und püriert verfüttern
Brokkoli	nur in geringen Mengen, sonst Blähungen, gekocht/gedämpft und püriert verfüttern
Chicorée	
Chinakohl	püriert verfüttern
Erdbeere	
Feigen	nur in geringen Mengen, da abführende Wirkung
Fenchel	roh oder gekocht pürieren
Grünkohl	wenig verabreichen, sonst Blähungen, gekocht/gedämpft und püriert verfüttern
Ingwer	nur in geringen Mengen

Sorte	Bemerkungen
Karotte	
Kartoffel	grüne Stellen und Keime entfernen, nur gekocht verfüttern
Kirsche	vor dem Füttern Kerne entfernen
Kohlrabi	
Löwenzahn	
Mandarine	wenig verabreichen, da hoher Säuregehalt, nur reife Früchte
Mandeln	nur süße, keine Bittermandeln
Melone	nur geringe Menge, nur reife Früchte
Orange	wenig verabreichen, da hoher Säuregehalt, nur reife Früchte
Pfirsich	Kerne vorher entfernen, überreif füttern
Pflaume	vor dem Füttern schälen, Kerne entfernen, für Katzen tödlich
Preiselbeere	in geringen Mengen füttern, da abführend, für Katzen tödlich
Rote Beete	nur in geringen Mengen, da sonst gesundheitsschädlich
Salat	
Spargel	
Spinat	Stängel und Blattrippen entfernen
Zucchini	nur im Handel erhältlichen Zuchini füttern, da sonst Bitterstoff Cucurbitacine enthält, was zum Erbrechen, Durchfall bis hin zum Schock führen kann

Warum einige Lebensmittel unseren Hunden schaden

Viele Lebensmittel und Getränke, die für uns Menschen gesund sind, können für unsere Liebsten tödlich sein. Die Ursache hängt von unterschiedlichen Faktoren ab. Generell ist es so, dass Hunden einige Enzyme fehlen, um diese giftigen Stoffe schnell abzubauen. Deswegen ist es wichtig, dass du bei bestimmten Lebensmitteln konsequent bleibst – so süß der Dackelblick auch ist.

Giftige Lebensmittel im Überblick

1.   Kakaohaltige Lebensmittel

Dazu gehören unter anderem Schokolade, Gebäck und einige Getränke. Deinem Hund fehlt das notwendige Enzym, um Theobromin abzubauen. Aus diesem Grund kann schon eine Tafel Schokolade für einen 24 kg schweren Hund tödlich sein. Schokolade und kakaohaltige Lebensmittel sind also tabu!

2.   Weintrauben und Rosinen

Für einige Hunde sind sie tödlich, andere Hunde bleiben nach dem Verzehr sogar symptomfrei. Warum Trauben nicht für alle Hunde giftig sind, konnte noch nicht geklärt werden. Trotzdem solltest du deinem Liebling keine Weintrauben oder Rosinen geben. Schließlich könnte er zu den Hunden gehören, bei denen das tödlich enden kann.

3.   Zwiebelgewächse

Einige Inhaltsstoffe von Zwiebeln, Lauch und Knoblauch sind für unsere Hunde giftig. Sie greifen die roten Blutkörperchen an und zerstören sie. Dabei gibt es einige Rassen, die besonders empfindlich reagieren. Dazu gehören unter anderem japanische Rassen wie Shiba Inu und Akita.

Zu den Zwiebelgewächsen gehören Porree/Lauch, Schnittlauch, Knoblauch, Schalotten, Frühlingszwiebeln, Zwiebeln und Bärlauch. Es ist irrelevant, ob die Lebensmittel gekocht, getrocknet oder als Pulver eingenommen werden. In sehr geringen Mengen besteht jedoch keine Lebensgefahr. Hier macht die Menge das Gift.

4.   Nüsse

Zu den für Hunde giftigen Nüssen gehören Macadamia-Nüsse und Bittermandeln. Warum genau sie eine Vergiftung auslösen, ist noch nicht genau bekannt. Bei einem 15 kg schweren Hund können bereits 4 Nüsse tödlich sein.

Auch bei unreifen Walnüssen ist Vorsicht geboten. Die grünen Fruchtschalen einer unreifen Walnuss können von einem Pilz befallen sein. In diesem Fall lieber auf die Nuss verzichten. Generell sind Erdnüsse für gesunde Hunde nicht schädlich. Sollte dein Hund jedoch Herz- oder Nierenprobleme haben oder Histamin-unverträglich sein, sind Erdnüsse für ihn tabu.

5.   Koffein und Teein

Der Wirkstoff Methylxanthin kann von Hunden nicht abgebaut werden. Er erhöht den Blutdruck und kann lebensbedrohliche Herz-Rhythmus-Störungen auslösen. Deswegen sind Getränke wie Cola, Energy-Drinks, Eistee, schwarzer und grüner Tee sowie Soda-Getränke tabu für Hunde.

6.   Süßstoff (Xylitol/Xylit)

Der Ausdruck „Zuckerfrei" auf manchen Lebensmitteln heißt noch lange nicht, dass sie auch gesund für unsere Lieblinge sind. Denn anstelle von Zucker enthalten diese den Stoff Xylit. Schon wenige dieser zuckerfreien Süßigkeiten wie Backwaren, Bonbons oder Kaugummis können bei Hunden eine Vergiftung auslösen.

7.   Pilze

Es gibt Diskussionen darüber, ob bestimmte Pilze gekocht verfüttert werden können. Aber selbst wenn sie nicht giftig sind, vertragen viele Hunde sie nicht. Deswegen rate ich, Pilze im Zweifel wegzulassen. Auch solltest du darauf achten, dass dein Liebling im Freien oder in deinem Garten nicht an Pilze herankommt. Sonst werden sie schnell einmal vernascht, es kommt zu Verdauungsproblemen und im schlimmsten Fall sogar zu einer Vergiftung.

8.   Avocado

Mit ihrem hohen Anteil an ungesättigten Fettsäuren, Vitaminen und Mineralien ist die Avocado für uns Menschen eine sehr gesunde Frucht. Allerdings hat der in ihr enthaltene Stoff Persin eine toxische Wirkung bei unseren Hunden. Er ist besonders im Kern und in der Schale zu finden. Auch wenn einige Quellen angeben, dass kleine Mengen des ausgereiften Fruchtfleisches in Ordnung sind, solltest du vorsichtshalber die Finger davon lassen.

9.   Alkohol

Auch wenn wir Alkohol in Maßen als Genussmittel akzeptieren, ist es ein Gift. Und bei Hunden ist schon eine geringe Dosis tödlich. Deswegen gilt: Alkoholhaltige Getränke und Lebensmittel sind ein absolutes Tabu für Hunde!

10.   Rohes Schweinefleisch

Ungekocht kann Schweinefleisch mit dem Aujeszky-Virus infiziert sein. Dieser Virus hat tödliche Folgen für deinen Hund. Auch ungekochte Salami, Wurst und geräucherte Fleischprodukte aus Schweinefleisch können ein Risiko sein. Nur mit einer Gar-Temperatur ab 60°C kann der Virus abgetötet werden.

11.   Salz

Im Rahmen eines gesunden Ernährungskonzeptes ist Salz vollkommen in Ordnung. Jedoch können schon 0,5 g pro kg Körpergewicht toxisch sein. Salz führt im Körper dazu, dass mehr Flüssigkeit gebunden wird. Deswegen muss dein Hund mehr Wasser trinken als üblich. Zu viel Salz führt zu Bluthochdruck und Nierenschäden. Füttere deinen Hund also nicht mit Speiseresten, Salami, Salzgebäck oder ähnlichem.

12.   Nikotin

Natürlich ist Tabak kein Lebensmittel. Dennoch ist es in vielen Haushalten zu finden, entweder in rohem Zustand oder als Zigarette. Das enthaltene Nikotin wirkt als Nervengift. Besonders bei Welpen kann es zu einem Kreislaufkollaps führen. Halte Zigarettenschachteln, Tabak und volle Aschenbecher also außer Reichweite deines Hundes. Auch Zigarettenstummel enthalten eine gehörige Portion Nikotin.

13.   Medikamente

Wenn wir Tabletten nicht außer Reichweite unserer lieben Hunde lagern, landen sie schnell in ihren Mägen. Aspirin, Paracetamol, Ibuprofen, Diclofenac und co. können bei unseren Fellnasen schlimme Auswirkungen wie Organschäden, Magenblutungen und Erbrechen auslösen. Im schlimmsten Fall führen sie zum Tod. Deswegen rate ich dir, Medikamente nicht in Gegenwart deines Hundes einzunehmen. Sollte mal etwas auf den Boden fallen, besteht das Risiko, dass es „weggeputzt" wird. Auch solltest du die Tabletten gut verstauen, sodass dein Liebling nicht an sie herankommt.

14.   Obstkerne und Steinobst

Zu Steinobst gehören unter anderem Aprikosen, Pflaumen, Pfirsiche, Bittermandeln und Kirschen. Nicht die Frucht an sich bereitet den Mägen unserer Hunde Probleme, sondern der Kern. Dort befinden sich Cyanverbindungen wie Blausäure, die schwere neurologische Störungen auslösen. Schon eine Dosis von 2 mg pro kg Körpergewicht kann zu einem Atemstillstand führen.

15.   Nachtschattengewächse

Kartoffeln, Auberginen, Tomaten, Paprika und Peperoni enthalten den Wirkstoff Solanin. Wenn unsere Hunde ihn verzehren, kann es zur Reizung des Magen-Darm-Trakts, Hemmung des Nervensystems bis hin zum Herzstillstand führen. Gekochte Kartoffeln schaden deinem Hund nicht. Allerdings solltest du darauf achten, die grünen Teile der Kartoffel wegzuschneiden. Die restlichen Nachtschattengewächse sollten vorsichtshalber nicht gefüttert werden.

16.   Rohe Eier

Das Eiklar enthält den Wirkstoff Avidin. Er bindet das Biotin im Körper und stört somit den Kohlenhydrat-, Eiweiß- und Fettstoffwechsel. Gebe deinem Hund also am besten kein rohes Eiklar. Rohes Eidotter ist dann ungefährlich, wenn das Ei frisch ist. Anderenfalls könnten sich Salmonellen darin befinden. Wenn du auf Nummer sicher gehen willst, kannst du deinem Hund ohne Bedenken hart gekochte Eier geben.

17.   Rohe Hülsenfrüchte

Im ungekochten Zustand enthalten Linsen, Bohnen, Kichererbsen und Sojaprodukte Stoffe, die die Eiweißverdauung hemmen. Wenn sie gekocht sind, sind sie für Hunde jedoch ungefährlich.

Diese Lebensmittel sind schwer verträglich

Die folgenden Lebensmittel führen bei Hunden zwar zu keiner Vergiftung, sind aber schwer verträglich. Das bedeutet, dass der Hundemagen sie nicht richtig zersetzen kann und es zu Bauchschmerzen oder Blähungen kommen könnte. Du musst selbst entscheiden, ob du deinen Hund in geringen Mengen mit ihnen fütterst oder ob du sie gänzlich von seinem Speiseplan streichst.

1.   Milch und Milchprodukte

Deinem Hund fehlt nach dem Welpenalter das notwendige Enzym im Dünndarm, um die Laktose vollständig zu verdauen. Dies führt je nach Menge der eingenommenen Milch zu Durchfall, Fehlgärungen im Dickdarm und Bauchschmerzen. Frage deswegen deinen Tierarzt, ob du deinen Hund mit Milch oder Milchprodukten füttern darfst und wie viel.

2.   Gekochte Knochen

Grundsätzlich solltest du deinen Hund nicht mit gekochten Knochen oder Restknochen vom Grill füttern. Sie sind spröde und porös. Im Verdauungstrakt könnten sie splittern und lebensgefährliche Verletzungen verursachen. Wenn überhaupt solltest du deinen Hund immer nur mit rohen Knochen füttern.

3.   Kohlgemüse

Kohlgemüse ist nicht giftig für Hunde. Dennoch kann es Blähungen verursachen, die sowohl für deinen Hund als auch für dich unangenehm sein können. Du kannst ihm diese Gemüsesorten jedoch gekocht in kleinen Mengen geben.

4.   Kalte Nahrung
Es ist nicht empfehlenswert, deinem Hund Futter direkt aus dem Kühlschrank zu verabreichen. Lass es lieber ein bisschen draußen stehen, bis es eine angenehme Raumtemperatur erreicht hat.

5.   Getreide bei Glutenunverträglichkeit
Viele Hundefuttersorten enthalten Getreide. Das ist im Grunde auch nicht schädlich. Jedoch vertragen einige Hunde das enthaltene Gluten nicht. Achte in diesem Fall darauf, glutenfreie Getreidesorten wie Mais, Reis, Hirse und Bambussamen zu füttern oder komplett auf Getreide zu verzichten.

Wenn du die schädlichen Lebensmittel im Überblick behältst und deinen Hund täglich mit frischem Obst und Gemüse verwöhnst, machst du bei seiner Ernährung alles richtig. Um auch nichts zu vergessen, kannst du dir eine Liste mit den gesunden Obst- und Gemüsesorten sowie mit den giftigen Lebensmitteln an den Kühlschrank hängen. So kann dein Hund ohne Probleme schlemmen und genießen.

2.3. Giftige Zimmer- und Gartenpflanzen

Pflanzen verschönern unsere Wohnungen und Gärten mit wunderschönen und stattlichen Blättern. Gleichzeitig sorgen sie für ein beruhigendes Raumklima. Doch leider muss man vorsichtig sein, wenn sie in Reichweite unserer Hunde sind. Denn viele unserer Zierpflanzen können giftig für sie sein. Besonders Welpen und Junghunde sind davon betroffen. Sie erkunden ihre neue Welt mit Nase und Maul. Pflanzen finden sie natürlich super interessant. So wird herumgeschnuppert, geleckt und auch geknabbert.

7 Giftige Pflanzen

Garten - und Wildplanzen

Tulpen

Efeu

Maiglöck-
chen

Buchsbaum

Zimmerpflanzen

Orchideen

Geranie

Alpen-
veilchen

4 Tipps zur richtigen Vorbeugung

1. giftige Planzen entfernen
2. Expertenmeinung vor dem Kauf
3. Vorsicht beim Spaziergang
4. Anti-Knabber-Training

HUNDEO.COM

Liste der giftigen Garten- und Wildpflanzen

Diese Pflanzen findest du in Gärten oder auf dem Wegrand. Selbst wenn du sie nicht in deinem eigenen Garten hast, solltest du beim Spaziergang auf sie achten.

- Bärenklau
- Blauer Eisenhut
- Brunfelsie
- Buchsbaum
- Buschwindröschen
- Datura
- Efeu
- Eibe
- Eisenhut
- Engelstrompete
- Fingerhut
- Geißblatt
- Maiglöckchen
- Misteln
- Oleander
- Passionsblume
- Rhododendron
- Rittersporn
- Schierling
- Tannennadeln
- Thuja
- Tollkirsche
- Tulpen
- Wacholder
- Zeder
- und weitere

Liste der giftigen Zimmerpflanzen

Diese Pflanzen sollten möglichst nicht im selben Raum wie dein Hund sein. Falls du dich von einigen nicht trennen kannst, sollten sie immerhin außer Reichweite deines Lieblings stehen.

- Agave
- Alpenveilchen
- Amaryllis (Ritterstern)
- Aralie
- Azalee
- Bogenhanf (Bajonettpflanze)
- Buntblatt
- Christusdorn, Christusstern
- Chrysantheme
- Clivie
- Dieffenbachie
- Drachenbaum, Drachenlilie
- Einblatt
- Elefantenbaum

- Fensterblatt
- Ficus (Gummibaum und andere Ficusarten)
- Flamingoblume
- Geranie
- Herzblatt
- Kolbenfaden
- Lilien aller Art
- Orchideen aller Art
- Philodendron
- Weihnachtsstern

Die Listen beinhalten nur die bekanntesten giftigen Zimmer- und Gartenpflanzen und sind auf keinen Fall vollständig. Bei der enormen Vielfalt an Blumen, Sträuchern und anderen Pflanzen ist es unmöglich, alle aufzuzählen.

Deswegen gilt: Wenn du dir nicht zu 100% sicher bist, dass die Pflanze ungefährlich für deinen Hund ist, muss sie weg oder außer Reichweite.

Wenn der Instinkt nicht reicht

Wissen Hunde denn nicht instinktiv, welche Pflanzen sie fressen dürfen und welche giftig sind? Bei den Vorfahren unserer Haustiere war das so. Jedoch sind durch das Zähmen und die jahrhundertelange Zucht viele dieser ursprünglichen Instinkte nicht mehr so stark ausgeprägt wie früher.

Hinzu kommt, dass unsere heutigen Haus- und Gartenpflanzen oft aus anderen Ländern importiert und gezüchtet wurden. Daher sind sie den früheren wilden Pflanzen nicht mehr besonders ähnlich. Es kann also schnell passieren, dass unsere Hunde etwas anknabbern, das für sie giftig ist. Beruh dich also nicht zu sehr auf die Instinkte deines Lieblings. Entferne lieber alle giftigen Pflanzen, bevor sie sein Interesse wecken.

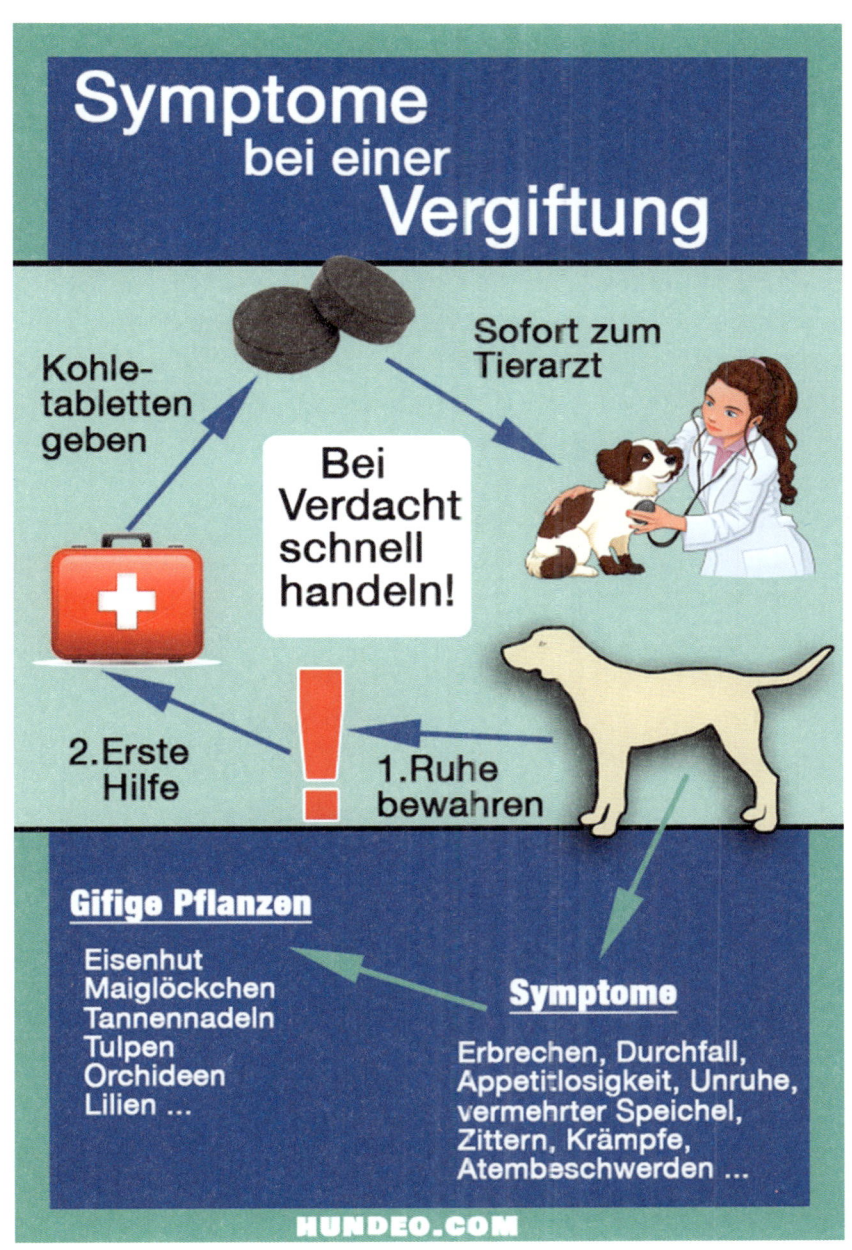

Symptome
bei einer
Vergiftung

Kohle-
tabletten
geben

Sofort zum
Tierarzt

Bei
Verdacht
schnell
handeln!

2. Erste
Hilfe

1. Ruhe
bewahren

Gifige Pflanzen

Eisenhut
Maiglöckchen
Tannennadeln
Tulpen
Orchideen
Lilien ...

Symptome

Erbrechen, Durchfall,
Appetitlosigkeit, Unruhe,
vermehrter Speichel,
Zittern, Krämpfe,
Atembeschwerden ...

HUNDEO.COM

Im Notfall schnell handeln

Hunde können auf verschiedene Weisen das Gift einer Pflanze aufnehmen. Dabei kommt es darauf an, um was für eine Giftpflanze es sich handelt. Die häufigste Aufnahmeart ist über das Maul. Das passiert, wenn dein Hund an Blättern, Blüten oder der Wurzel knabbert oder Pflanzenteile vollständig verschluckt. Bei einigen Pflanzen reicht schon der Hautkontakt, um das Gift zu übertragen. Das ist zum Beispiel beim Bärenklau so. In ganz seltenen Fällen kann auch das Einatmen des Gifts zu Symptomen führen. Die Vergiftung ist dann aber nicht so gefährlich wie bei der Aufnahme über das Maul.

Bei einer Vergiftung durch eine Pflanze kann es zu vielseitigen Symptomen kommen, da jedes Gift anders wirkt. Die folgenden Symptome treten am häufigsten auf:

- Erbrechen
- Durchfall
- Bauchschmerzen
- Appetitlosigkeit
- Unruhe
- Apathie
- Lähmungserscheinungen
- vermehrte Speichelproduktion
- Blut im Erbrochenen, Kot oder Urin
- Kreislaufbeschwerden
- Zittern
- Krämpfe
- Atembeschwerden
- Atemstillstand
- Organversagen

Stellst du einige dieser Symptome bei deinem Hund fest, darfst du keine Zeit verlieren. Wenn du schnell handelst, kann dein

Tierarzt mit Medikamenten deinen Hund zum Erbrechen bringen, damit dein Hund diese giftigen Substanzen möglichst schnell wieder los wird. Sobald du einen Verdacht hast, solltest du umgehend mit deinem Liebling zu einem Tierarzt fahren. Teile ihm deine Vermutung über die Art der Vergiftung sowie über die aufgenommene Menge mit. Außerdem solltest du ihm detailliert von den Symptomen erzählen und eventuell sogar die giftige Pflanze mitbringen.

> **Es gilt:** Bei dem Verdacht einer Vergiftung so schnell wie möglich handeln. Ausführlichere Informationen zum Thema Vergiftung findest du in Kapitel 5.10. Vergiftungen.

Tipps zur richtigen Vorbeugung

Als erstes ist es das Wichtigste, alle deiner Zimmer- und Gartenpflanzen zu überprüfen. Achte dabei darauf: Was nicht hundertprozentig unschädlich ist, muss weg.

Wenn du eine neue Pflanze kaufen willst, solltest du dich vorher über sie informieren. Du kannst zum Beispiel den Berater im Laden fragen, ob diese Pflanze für Hunde ungefährlich ist.

Beim Spaziergang solltest du die Blumen, Sträucher und Bäume auf dem Weg im Blick haben. So ganz vermeiden lässt sich der Kontakt zu Pflanzen natürlich nicht. Deswegen ist es sinnvoll, mit deinem Hund Anti-Knabber-Training durchzuführen.

Dabei wird ihm beigebracht, dass er nichts Unbekanntes und vor allem keine Pflanzen anknabbern darf.

Hat er das erst einmal gelernt, musst du auch beim Spaziergang keine Angst mehr vor einer Vergiftung durch Pflanzen haben.

2.4. Das solltest du über Impfungen wissen

Ob beim Spaziergang, beim Spielen mit anderen Hunden oder im eigenen Garten: Gefahren für deinen Hund können überall lauern. Die meisten davon können wir nicht einmal sehen. Bakterien, Viren und andere Keime sind zwar winzig klein, können aber umso mehr Schaden anrichten. Doch zum Glück hast du die Möglichkeit, deinen Hund vor vielen dieser Erregern zu schützen: Und zwar mit Impfungen.

Impfungen

dienen zum Schutz vor Bakterien und anderen Erregern, die gefährliche Krankheiten auslösen können

- kleine Mengen Erreger unter die Haut
- werden als schädlich erkannt
- Bildung Antikörper

wichtige Impfungen

Tollwut   Staupe

Hepatitis   Parvovirose

Zwingerhusten

Leptospirose

HUNDEO.COM

So funktionieren Impfungen

Impfungen dienen zum Schutz vor Bakterien oder Viren, die gefährliche Krankheiten auslösen können. Mit Spritzen werden dabei kleine Mengen dieser Erreger in die Muskulatur, auf die Schleimhäute oder unter die Haut gegeben. Dadurch bildet der Körper Antikörper, die die Antigene der Eindringlinge angreifen und unschädlich machen. Die geringe Menge an Erregern wird von den Abwehrkräften, d.h. von den Antikörper erkannt und bekämpft. Danach bleiben die Antikörper lange im Blut. Dadurch kann es zu keiner erneuten Infektion kommen, wenn dieselben Erreger wieder in den Organismus gelangen. Dieses Prinzip wird auch aktive Immunisierung genannt.

Die meisten Impfungen müssen mehrmals im Abstand einiger Wochen wiederholt werden. Dadurch kann die größtmögliche Anzahl an Abwehrkräften vom Körper gebildet werden und dein Hund ist dann sehr gut geschützt. Nach einiger Zeit lässt die Wirkung jedoch nach, da die Antikörper vom Körper abgebaut werden. Deswegen müssen die Impfungen nach einigen Jahren wieder aufgefrischt werden. So wird die Immunität wieder auf ein hohes Niveau gebracht.

Die Risiken

Natürlich bleibt bei Impfungen auch immer ein kleines Risiko. Ist dein Hund bereits vor der Impfung krank oder geschwächt, könnte schon durch die wenigen Erreger der Körper des Hundes zusätzlich stark belastet werden. In seltenen Fällen kann es auch zu Entzündungen oder Allergien kommen.

Diese Nachteile sind jedoch Ausnahmen. Behalte im Auge, dass Schutzimpfungen einen viel größeren Nutzen haben, als sie schaden können. Schließlich schützt du nicht nur deinen Hund vor Krankheiten, sondern auch seine gesamte Umgebung.

Unterscheidung zwischen Pflicht- und Wahlimpfungen

So viel Nutzen Impfungen auch bringen: Werden zu viele Schutzimpfungen gegeben, kann dies sogar den Körper belasten. Deswegen sollten nur die wirklich wichtigen Impfungen durchgeführt werden. Bei allen anderen muss abgewogen werden, ob sie beim jeweiligen Hund mit den entsprechenden Bedingungen sinnvoll sind. In Deutschland gibt es keine Impfpflicht für Hunde, solang diese nicht die deutschen Grenzen verlassen. Es gibt die sogenannten „Core-Vakzinen", auch als Pflichtimpfung genannt, obwohl diese rechtlich nicht verpflichtend sind, sondern damit die Wichtigkeit der Impfungen verdeutlichen. Zusätzlich gibt es noch ein großes Angebot an Wahlimpfungen, den sogenannten „Non-Core-Vakzinen". Sie schützen gegen Krankheiten, die selten sind oder nicht ganz so schwerwiegende Folgen haben. Sie sind dann zu empfehlen, wenn dein Hund aus bestimmten Gründen besonders gefährdet ist. Ob du eine Wahlimpfung durchführen lassen solltest, kannst du individuell mit deinem Tierarzt absprechen.

Impfungen bei Welpen

In den ersten Lebenswochen sind unsere Hunde durch die Muttermilch noch ohne Impfungen immun gegen viele Krankheiten. Mit der Zeit werden die mütterlichen Antikörper wieder abgebaut. Gleichzeitig sind bis zur 8. Lebenswoche noch so viele Abwehrkräfte vorhanden, dass eine Schutzimpfung blockiert wird. Das wird auch immunologische Lücke genannt. Nur wenige Impfstoffe wurden so entwickelt, dass sie schon in der 4. Lebenswoche verabreicht werden können. Die meisten Impfungen werden ab der 8. Lebenswoche gegeben.

Impfschema

Diese Tabelle zeigt dir, ab wann welche Impfung durchgeführt werden sollte und wann Wiederholungsimpfungen anstehen. So hast du alles auf einen Blick.

Krankheiten	Frühimmunisierung		Grundimmunisierung				Wiederholungsimpfungen		
	ab 3 Wochen	ab 4 Wochen	ab 8 Wochen	ab 12 Wochen	ab 16 Wochen	ab 15 Monaten	1. Jahr	2. Jahr	3. Jahr
Staupe		●	●	●	●	●			●
Hepatitis			●	●	●	●			●
Parvovirose		●	●	●	●	●			●
Tollwut				●		●			●
Leptospirose			●	●		●	●	●	●
Zwingerhusten	●		●			●	●	●	●

Die 10 wichtigsten Impfungen

Impfung	Core-Vakzine/ None-Core-Vakzine	zur Krankheit	erste Impfung	Wiederholungs-impfung
Tollwut	Core-Vakzine	- tödliche Infektion - Symptome: Schaum vor dem Mund, Verhaltensänderung	12. Lebenswoche	alle 3 Jahre
Staupe	Core-Vakzine	- hoch ansteckend - verursacht Entzündungen in Lunge, Darm und Gehirn	selten 4. Lebenswoche, spätestens 8.	meist alle 3 Jahre
Parvovirose	Core-Vakzine	- hoch ansteckend - Symptome: Erbrechen, Durchfall, Fieber, Blutvergiftung	4. Lebenswoche, spätestens 8.	alle 3 Jahre
Leptospirose	Core-Vakzine	- durch Urin übertragen - verursacht Organschäden	8. Lebenswoche	jährlich

Impfung	Core-Vakzine/ None-Core-Vakzine	zur Krankheit	erste Impfung	Wiederho-lungs-impfung
Hepati-tis	Core-Vakzine	- hoch ansteckend - Symptome: Er-brechen, Gelb-sucht	8. Lebens-woche	alle 3 Jahre
Zwin-ger-husten	Non-Core-Vakzine	- hoch ansteckend - verursacht stark bellenden Husten	3. Lebens-woche, spätestens 8.	jährlich
Tetanus	Non-Core-Vakzine	- verursacht Muskelzuckun-gen, Lähmung - meist tödlich - sehr selten		
Babe-siose	Non-Core-Vakzine	- durch Zecken übertragen - verursacht Blutarmut		

Impfung	Core-Vakzine/ None-Core-Vakzine	zur Krankheit	erste Impfung	Wiederholungs-impfung
Borreliose	Non-Core-Vakzine	- durch Zecken übertragen - Gelenkentzündungen und Organschäden - Impfung wirkt nicht immer		
Canines Herpesvirus	Non-Core-Vakzine	- Atemwegserkrankung - kann bei trächtigen Hunden Fehlgeburt auslösen		

Impfungen ersparen unseren Lieblingen schwere Krankheiten und somit auch viel Leid. Achte deswegen darauf, sie regelmäßig vom Tierarzt durchführen zu lassen. Auch wenn es deinem Hund nicht gefällt, eine Spritze zu bekommen: Danach ist die Gefahr vor ansteckenden und gefährlichen Viren, sowie Bakterien deutlich geringer.

2.5. Nachwuchs angesagt!

Trächtigkeit und Geburt von Hunden gehören zu den schönsten Erlebnissen. Für uns Hundebesitzer ist das mindestens genauso spannend und aufregend wie für die tragende Hündin. Natürlich wollen wir dabei alles richtig machen. Hier findest du das Wichtigste im Überblick, sodass du deine Hündin so gut wie möglich während dieser Zeit unterstützen kannst.

Läufigkeit bei Hündinnen

Der Zeitpunkt der Geschlechtsreife hängt von der Rasse ab. Bei größeren Rassen dauert es in der Regel länger. Die meisten Hündinnen werden nach 6 bis 18 Monaten läufig. Das wiederholt sich dann alle 5-8 Monate. Während der Läufigkeit verändern sich körperliche Merkmale genauso wie ihr Hormonspiegel und ihr Verhalten. Du erkennst es am besten an der Absonderung einer blutigen Flüssigkeit und im Umgang mit Rüden.

Der Weg zur Geburt

Die Trächtigkeitsdauer einer Hündin beträgt etwa 61 bis 65 Tage. Je nachdem, wann sie gedeckt wurde, kann es zu Schwankungen kommen. In den ersten 5 bis 6 Wochen der Schwangerschaft finden nur unauffällige Veränderungen statt. Zum Ende des ersten Monats vergrößern sich die Milchdrüsen. Die Zitzen werden rosa bis dunkel. Ab dem 30. Tag rinnt ein durchsichtiger

Schwangerschaft
beim Hund

In 5 Schritten erklärt

1. Ersten 5-6 Wochen

°Vergrößerung
Milchdrüßen

2. Das letzte Drittel

°Bauchumfang
wird größer

3. Kurz vor der Geburt

°Kurz vor Geburt Temperatur
auf 36,5 bis 37 Grad

4. Geburt

°Starke Wehen

5. Nach der Geburt

°Welpen liegen an Gesäuge und
nuckeln Muttermilch

oder weißlicher Schleim aus der Scheide. Ab dem 35. Tag nimmt die Hündin langsam zu. Erst ab dem letzten Drittel der Schwangerschaft ist die Trächtigkeit äußerlich bemerkbar. Je nachdem, wie viele Welpen sie austrägt, ist der Umfang des Bauches unterschiedlich. Im Durchschnitt liegt die Wurfzahl bei 4 bis 5 Welpen. Nach einer Weile steigt auch der Appetit deiner Hündin an. Jetzt ist es Zeit, auf ein Futter für tragende Hündinnen umzusteigen. Achte darauf, dass du sie ihrem Energiebedarf entsprechend fütterst.

10 bis 6 Tage vor dem Geburtstermin solltest du die Temperatur deiner Hündin täglich messen. Die Körpertemperatur wird etwa zwischen 37°C und 38°C liegen. Kurz vor der Geburt sinkt die Temperatur auf 36,5°C bis 37°C. Weitere Anzeichen für die bevorstehende Geburt sind häufiges Urinieren, Belecken der Vulva, Nestbauverhalten, Appetitlosigkeit, Unruhe und Zittern.

Du wirst die starken Wehen deiner Hündin erkennen. Ihre Scheide wird einen klaren Ausfluss aussondern. In den nächsten 20 bis 30 Minuten müsste der erste Welpe auf die Welt kommen. Der Wurf zwischen den Welpen dauert in der Regel jeweils weitere 20 Minuten. Benachrichtige deinen Tierarzt, wenn die Ruhephase zum nächsten Wurf länger als 2 Stunden dauern sollte. Nach der Geburt durchtrennt die Hündin die Nabelschnur selbst. Sie enthüllt die Welpen aus der Fruchthülle und beleckt sie. Die Nachgeburt wird normalerweise von der Hündin aufgegessen. Sie enthält viele Proteine und Nährstoffe und hilft ihr, sich wieder zu stärken.

Das Ende der Geburt erkennst du am Verhalten der Hündin.

Erst fängt sie an, sich zu reinigen. Danach legt sie sich auf die Seite und streckt ihr Beine aus. Dabei liegen die Welpen an ihrem Gesäuge und nehmen ihre erste Mahlzeit auf.

Komplikationen während der Geburt

Bei folgenden Situationen solltest du sofort mit deinem Tierarzt Kontakt aufnehmen:

- grüner Vaginal-Ausfluss, bevor der erste Welpe da ist
- schlecht riechender Ausfluss
- länger als 2 Stunden zwischen zwei Würfen
- hohes Fieber
- Erschöpfungserscheinungen

4 wichtige Vorkehrungen

1. Ruhe bewahren

Auch wenn es sich um ein sehr erfreuliches Erlebnis handelt, ist diese Zeit sehr stressig für deine Hündin. Unruhe durch ihre Bezugspersonen wäre nur eine zusätzliche Last für sie. Besonders während der Geburt solltest du dich so gut wie möglich zurückhalten. Bleibe aber in ihrer Nähe. Somit kannst du sie mit deinem Dasein unterstützen und sofort eingreifen, falls es zu Komplikationen kommen sollte.

2.   Wurfkiste vorbereiten

Ab dem 40. Tag solltest du eine Wurfkiste vorbereiten. Dafür kannst du einen Pappkarton verwenden oder eine aus Holz anfertigen. Sie sollte groß genug für deine Hündin und die Welpen sein. Außerdem sollten die Wände so hoch sein, dass die Welpen nicht sofort ausbrechen können. Stelle die Kiste an einen ruhigen und warmen Ort ohne Luftzug. Die Welpen brauchen in der ersten Woche eine Umgebungstemperatur von 28 – 32°C. Um das neue Nest so gemütlich wie möglich zu machen, kannst du den Boden polstern.

3.   Ernährungsumstellung

Ab der 4. Trächtigkeitswoche solltest du mit der Umstellung beginnen. Deine Hündin braucht nun ein Futter mit viel Energie und Eiweiß. Auf dem neuen Hundefutter sollten nun Bezeichnungen wie „für gravide oder laktierende Hündinnen" oder „für tragende und säugende Hündinnen" stehen. Alternativ kannst du auf Welpenfutter umsteigen, das für die Größe deiner Hündin geeignet ist. Sie sollte zwei- bis dreimal täglich gefüttert werden und immer ausreichend Trinkwasser zur Verfügung haben. In der letzten Woche der Trächtigkeit wird deine Hündin vermutlich weniger fressen. Das ist ganz normal und kein Grund, sich Sorgen zu machen. Während der Säugungsphase benötigt sie ebenfalls sehr viel Energie. Erst wenn die Welpen beginnen, Beifutter zu essen, solltest du die Futterration der Mutter herabsetzen.

4.   Tagebuch führen

Ab dem ersten Trächtigkeits-Drittel solltest du die Körpertemperatur deiner Hündin rektal messen. Die Temperaturen kannst du in ein kleines Tagebuch schreiben. Das Sinken der Temperatur auf 36,5 – 37°C verrät dir, dass die Geburt kurz bevorsteht. Gewöhnlich schaffen Hündinnen die Geburt problemlos selbst. Dennoch solltest du die Telefonnummer deines Tierarztes bereithalten. So kannst du ihn erreichen, wenn es Komplikationen gibt.

Nach der Geburt kannst du Angaben wie den Geburtstermin, das Einsetzen der Wehen, die Anzahl, das Geschlecht und das Gewicht der Welpen im Tagebuch notieren.

Genieße die Zeit mit deiner Hündin

Welpen aufwachsen zu sehen ist ein wunderschönes Erlebnis. Vergiss bei all dem Stress und den Vorkehrungen nicht, dir viel Zeit für deine wachsende Hundefamilie zu nehmen. Genieße die Zeit mit deiner Hündin und ihrem Nachwuchs.

2.6. Kastration – Beweggründe und Risiken

Wer einen Rüden hat, steht früher oder später wahrscheinlich vor der Entscheidung, ob eine Kastration Sinn macht. Wie bei so vielen Themen gibt es auch hier Vor- und Nachteile, die individuell abgewogen werden müssen.

Eine Kastration ist ein chirurgischer Eingriff unter Narkose. Dabei werden die Keimdrüsen eines Hundes entfernt: bei Rüden die Hoden, bei Hündinnen die Eierstöcke. Bei der Sterilisation werden der Samenleiter beim Männchen und der Eileiter beim Weibchen durchtrennt und somit sind diese Hunde nicht mehr fortpflanzungsfähig, jedoch bleiben die Keimdrüsen intakt, was bedeutet, dass die Hündin weiterhin läufig wird und der Rüde weiterhin Ausschau nach läufigen Hündinnen hält. Beide Eingriffe sind jeweils bei Weibchen als auch bei Männchen durchführbar und führen zum selben Ergebnis: Der Hund wird unfruchtbar. Im Folgenden geht es vor allem um die Kastration bei Rüden. Rechtlich gesehen darf so eine Operation nur stattfinden, wenn es medizinische Gründe gibt. Es muss also ein Grund für die Kastration vorliegen, der die Lebensqualität deines Hundes eventuell verbessern könnte. Kläre vorher also mit deinem Tierarzt, ob das bei deinem Liebling der Fall ist.

3 Vor- und Nachteile
Kastration
beim Rüden

Vorteile	Nachteile
°bei Verhaltensstörung (Aggressivität, Sexualverhalten..)	°Nachblutungen im Hodensack nach OP
°Fortpflanzungskontrolle	°Gew chtszunahme
°Medizinische Ursachen (Prostataerkrankungen..)	°Beleckung Wunde (Infektionsgefahr)

HUNDEO.COM

Vorteile einer Kastration

1.   Verhaltensstörungen

Einige Hundebesitzer möchten durch eine Kastration erreichen, dass ihr Rüde weniger Verhaltensauffälligkeiten zeigt. Dazu gehören unter anderem Aggressivität gegenüber Hunden und Menschen, Hyperaktivität, Angstzustände und Ungehorsamkeit. Auch das Sexualverhalten des Hundes kann Probleme bereiten, wenn er zum Beispiel streunt, jault und unruhig wird.

Eine Kastration ist kein Geheimmittel für Verhaltensstörungen wie diese. Jedoch liegen die Chancen gut, dass sie sich nach der Operation bessern. Das hängt allerdings auch stark von der Erziehung ab. Ist der Rüde schon älter und ist das Fehlverhalten bereits angelernt, hilft die Veränderung der sexuellen Hormone auch nicht mehr. Ob eine Kastration das unerwünschte Verhalten verändern würde, kannst du mit einem „Kastrations-Chip" testen. Nach Absprache mit deinem Tierarzt wird er implantiert, um bestimmte Hormone zu simulieren. Ändert sich das Verhalten deines Hundes dadurch, kannst du eine Kastration in Erwägung ziehen.

2.   Fortpflanzungskontrolle

Insbesondere in Ländern, in denen es zahlreiche Straßenhunde gibt, ist die Fortpflanzungskontrolle wichtig. In Deutschland spielt sie jedoch eher eine untergeordnete Rolle. Solltest du eine Hündin in deinem Haushalt haben, kannst du über eine Kastration nachdenken. Es gibt jedoch auch noch andere Wege, mit denen du eine Kastration vermeiden kannst. Bitte am besten deinen Tierarzt um Rat.

3.   Medizinische Ursachen

Verschiedene medizinische Gründe können eine Kastration unabdingbar machen und vielleicht sogar das Leben deines Rüden retten.

Hormonbedingte Hypersexualität oder Hormonstörungen

Für einige Rüden ist die Läufigkeits Saison eine enorme Last. Sie verweigern in dieser Zeit ihr Futter, jaulen, sind unruhig und aggressiv. Bestimmte Hormonstörungen wie der Hyperöstrogenismus können sogar zu Tumoren führen.

Kryptorchismus

Bei dieser Lageanomalie ist der Hoden vorübergehend oder dauerhaft nicht im Hodensack, d.h. der Hoden befindet sich im Leistenkanal oder im Bauchraum. Das führt zu einem erhöhten Krebsrisiko.

Prostataerkrankungen

Vor allem bei älteren Rüden kann es zu einer Vergrößerung der Prostata kommen. Bei fortgeschrittener Größe kann der Kotabsatz schwieriger und schmerzhaft sein. Bei einer Kastration verkleinert sich die Prostata im Allgemeinen schnell, da die Wirkung der männlichen Sexualhormone wegfällt.

Nicht alle Tumore der Hoden oder im Umfeld des Afters sind bösartig. Trotzdem wird hier meistens eine Kastration empfohlen.

Risiken einer Kastration

Du darfst nicht vergessen, dass eine Kastration ein operativer Eingriff ist. Jede Operation unter Narkose bringt Risiken mit sich. Das gilt insbesondere, wenn dein Hund schon älter ist. Auch die Kastration selbst kann unerwünschte Folgen haben. Es kann zum Beispiel zu Nachblutungen im Hodensack oder zu Gerinnungsstörungen kommen. Ein Belecken der Wunde kann zu einer Nachblutung und zu Infektionen der Wunde führen. Besprich die Risiken vor der Operation mit deinem Tierarzt. Vieles kannst du mit einer entsprechenden Vorkehrung vermeiden.

Nach der Kastration könnte es zu einer Gewichtszunahme kommen, da dein Hund nun mehr Appetit und gleichzeitig einen geringeren Energiebedarf hat. Mit genügend Bewegung und der richtigen Ernährung kannst du diesen Nachteil jedoch umgehen.

Ab welchem Alter sollte kastriert werden?

Das richtige Alter für diesen Eingriff hängt von vielen Faktoren ab. Rüden, die jünger als ein Jahr sind, sollten nicht kastriert werden. Im Allgemeinen sollte der Hund ausgewachsen sein, da er seine sexuellen Hormone für seine Entwicklung benötigt. Eine zu frühe Kastration würde die gesunde Entwicklung beeinträchtigen und sich am Sozialverhalten auswirken.

Grundsätzlich kann eine Kastration in jedem Alter erfolgen. Bei älteren Hunden besteht jedoch ein höheres Narkose Risiko. Das gilt ebenfalls für Tiere mit zusätzlichen Risikofaktoren wie Herzerkrankungen.

Vorkehrungen für die OP

1. Vor der Operation muss dein Hund nüchtern sein. Gib ihm 12 Stunden vorher nichts mehr zum Fressen. Trinkwasser ist in Ordnung.

2. Bereite einen Ruheplatz vor, an dem er sich nach dem Eingriff erholen kann.

3. Entferne alle Gegenstände in der Umgebung, an denen sich dein Hund verletzen könnte. Nach der Operation wird er noch einige Zeit Schwierigkeiten mit dem Gleichgewicht haben.

4. Bereite den Transport vor, indem du einen angenehmen Liegeplatz im Auto herrichtest. Denk daran, dass er nach der OP urinieren oder erbrechen könnte.

5. Nimm dir frei. Die nächsten 24 Stunden sollte immer jemand bei deinem Hund sein, bis er wieder munter ist. Achte darauf, dass in dieser Zeit möglichst kein Besuch da ist. Dein Rüde sollte sich nicht aufregen oder angespannt sein.

Tipps für danach

1. Fahre vorsichtig vom Tierarzt zurück und vermeide holprige Straßen.

2. Ruhe ist angesagt! Dein Hund ist nun wahrscheinlich geräuschempfindlich und sollte sich so gut wie möglich ausruhen.

3. Gib ihm erst wieder Futter, wenn er wieder munter ist. In der Regel dauert das 8 bis 12 Stunden. Die Nahrung sollte leicht und gut verträglich sein. Wasser sollte hingegen immer zugänglich sein.

4. Vermeide lange Spaziergänge und zu viel Aktivität. Das könnte die Wunde strapazieren.

5. Achte darauf, dass dein Hund die Wunde nicht ableckt. Lege ihm zur Not eine Halskrause um, sodass er die Wunde nicht berühren kann.

6. Beobachte deinen Liebling, bis die Wunde ausgeheilt ist. Falls du irgendetwas Sonderbares bemerkst, solltest du sofort Kontakt mit deinem Tierarzt aufnehmen.

Lass dir Zeit für die Entscheidung

Du bist dir noch nicht sicher, ob eine Kastration das richtige für deinen Hund ist? Dann lass dir Zeit und überlege in Ruhe. Wäge die Vor- und Nachteile ab und besprich sie mit deinem Tierarzt. Liegt kein guter Grund für den Eingriff vor, solltest du dich dagegen entscheiden. Schließlich wäre es sonst nur zusätzlicher Stress für deinen Liebling.

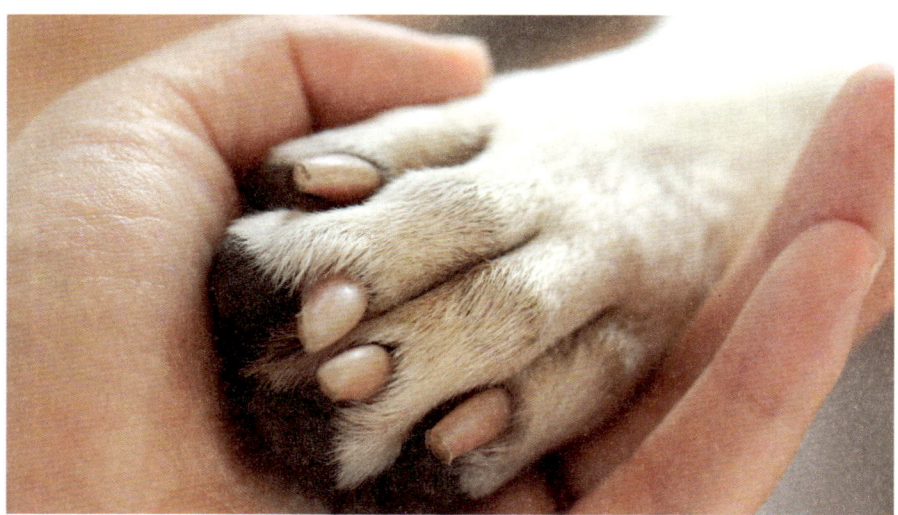

2.7. Wie du Mundgeruch verringerst

Du kennst es sicherlich: Ihr kuschelt, schmust und eigentlich wäre dieser Moment perfekt – wenn da nicht der Mundgeruch deines Hundes wäre. Das ist nicht nur unangenehm für dich, es könnte auch eine Krankheit dahinterstecken. Hier kannst du nachlesen, welche Ursachen für den Mundgeruch verantwortlich sein können. Außerdem kannst du dich darüber informieren, mit welchen Tipps und Tricks du ihn beseitigen kannst.

Mögliche Ursachen

Der Mundgeruch bei Hunden ist oftmals auf ungefährliche Faktoren zurückzuführen. Leider sind aber auch Ursachen möglich, die eine Gefährdung der Gesundheit darstellen.

1. Erkrankungen im Mundbereich
Leidet dein Liebling zum Beispiel unter einer entzündeten Zahnwurzel, kann sich das in einem unangenehmen Mundgeruch widerspiegeln. Diese Ursache ist für deinen Vierbeiner in der Regel ungefährlich. Jedoch solltest du bei Verdacht auf eine Erkrankung im Mundbereich deinen Tierarzt aufsuchen.

2. Zahnstein (Parodontitis)
Zahnstein ist ein häufiges Problem bei Hunden und führt oft zu Mundgeruch. Mit der richtigen Behandlung kann er jedoch schnell beseitigt werden. Mehr Informationen dazu findest du in Kapitel 2.8. Das solltest du über Zahngesundheit wissen.

3. Zahnfleischentzündung

Im Anfangsstadium dieser Entzündung ist Mundgeruch das einzige Symptom. Dauert dies länger an, suchst du am besten einen Tierarzt auf, um weitere Symptome zu vermeiden. Wie du eine Zahnfleischentzündung erkennst, erfährst du ebenfalls in Kapitel 2.8.

4. Entzündung der Magenschleimhaut

Durch die vermehrte Bildung von Magensäure wird die Schleimhaut deines Hundes angegriffen. Dies sorgt für einen sauren Mundgeruch. Weitere Symptome sind Appetitlosigkeit, Erbrechen, Durchfall und Gewichtsverlust.

5. Erkrankung der Speiseröhre

Die häufigste Erkrankung der Speiseröhre ist Megaösophagus. Dabei wird die Speiseröhre deines Hundes erweitert. Neben dem Mundgeruch kann es zum Erbrechen, einer Lungenentzündung, vermehrtem Husten und Fieber kommen.

6. Verschluckter Fremdkörper

Durch Verschlucken oder Einatmen von Fremdkörpern entsteht ein fauliger oder verwesungsähnlicher Mundgeruch. Da es zu einer Entzündung kommen kann, solltest du bei Verdacht umgehend zu einem Tierarzt gehen.

7. Entzündung der Nasenschleimhaut oder der Nebenhöhlen

Die Begleitsymptome einer solchen Entzündung sind Mundgeruch, Schnupfen, Niesen, wässriger oder eitriger Nasenschleim sowie Schluckbeschwerden. Der Tierarzt kann bei deinem Hund in diesem Fall eine medikamentöse Therapie durchführen.

8. Tumore im Mund- oder Nasenbereich

Tumorerkrankungen können ebenfalls Mundgeruch beim Hund hervorrufen. In der Regel ist diese Ursache aber selten und tritt eher bei Hunden höheren Alters auf.

9. Diabetes

Auch die Zuckerkrankheit kann zu Mundgeruch führen. Weitere Symptome sind vermehrtes Trinken, starker Hunger, Gewichtsverlust, schlechte Wundheilung und komatöse Zustände.

10. Nierenerkrankungen

Ein intensiver und urinähnlicher Mundgeruch kann auf eine Erkrankung der Nieren deuten. Da dies lebensgefährlich für deinen Liebling werden kann, ist ein Tierarztbesuch empfehlenswert.

11. Lebererkrankungen

Erkennst du noch weitere Symptome wie Gelbsucht, Verhaltensänderungen, einen aufgeblähten Bauch und vermehrten Durst, solltest du unbedingt einen Tierarzt aufsuchen. Eine Lebererkrankung kann lebensgefährlich sein, da dann wichtige Körperprozesse nicht mehr funktionieren.

In der Regel ist Mundgeruch bei Hunden ungefährlich. Treten jedoch noch weitere Symptome auf, solltest du unverzüglich zu einem Tierarzt gehen. Viele Begleiterscheinungen treten unbemerkt auf. Deswegen ist es wichtig, dass du deinen Liebling in dieser Zeit genau beobachtest. Vor allem, wenn der Mundgeruch langfristig anhält und penetrant, urinähnlich oder verwest riecht.

Tipps gegen Mundgeruch

Kann der Tierarzt keine Krankheit feststellen, ist er vermutlich auf falsche Ernährung oder mangelnde Zahnpflege zurückzuführen. Dann kannst du auch aktiv gegen ihn vorgehen.

· **Das richtige Hundefutter**
Einige Produkte können den Zahnbelag schädigen. Es ist wichtig, dass Hundefutter und Leckerlis wenig Zucker und Getreide enthalten. Wie du außerdem zur Zahngesundheit deines Hundes beitragen kannst, kannst du in Kapitel 2. 8. nachlesen.

· **Kauartikel**
Kauartikel und Spielzeug für die Zahngesundheit eignen sich nicht nur zum Beschäftigen und Spielen. Sie fördern auch die Zahnpflege, indem sie Zahnstein, Ablagerungen und somit auch Mundgeruch beseitigen.

· **Hausmittel**
Die folgenden Hausmittel helfen nicht nur gegen Mundgeruch, sie tragen auch zur Gesundheit deines Lieblings bei.

Kokosöl und Zitronensaft wirken antibakteriell. Mische es am besten in das Futter oder Trinkwasser deines Hundes.
Gekochte Karotten und Kartoffeln sind ebenfalls eine gute Option gegen den Mundgeruch.
Frische Petersilie und Pfefferminze sorgen für einen frischen Duft bei deinem Hund.
Bio-Joghurt vermindert den Mundgeruch und beseitigt schädliche Bakterien im Magen- und Darmtrakt. Gebe deinem Hund

Wie beseitige ich Mundgeruch beim Hund?

Natürliche Hausmittel

HUNDEO.COM

2 bis 4 Esslöffel vor oder nach dem Futter oder morgens nach dem Aufstehen.

Bierhefe bietet auch viele Vorteile für die Gesundheit deines Hundes. Bierhefe-Produkte gibt es als Tabletten, Pulver oder Flocken.

Die 5 goldenen Regeln im Kampf gegen den Mundgeruch

1. Stelle das Hundefutter um. Versuche es mit getreide- und zuckerfreien Sorten.
2. Probiere Trockenfutter statt Nassfutter.
3. Lass eine Zahnsteinentfernung durchführen.
4. Gib deinem Hund frisches Obst als Zwischenmahlzeit.
5. Nutze Karotten als Kauartikel.

Denke daran, dass Mundgeruch bei Hunden normalerweise ungefährlich ist. Es gibt also keinen Grund zur Beunruhigung, solange keine weiteren Symptome auftreten. Wenn du nun auf die Ernährung und Zahnpflege deines Lieblings achtest, wirst du bald wieder ohne unangenehmen Mundgeruch mit ihm kuscheln können.

2.8. Das solltest du über Zahngesundheit wissen

Zahnpflege könnte so einfach sein: Täglich Zähne putzen, Zahnseide benutzen und Zahnpflege-Kaugummis kauen. Leider ist das bei unseren geliebten Hunden etwas schwieriger. Doch mit ein paar einfachen Tricks kannst du die Zähne deines Lieblings fast genauso gut pflegen wie deine eigenen. Außerdem kannst du hier alles Wichtige über Zahnwechsel, Zahnstein und Zahnfleischentzündung nachlesen.

Tipps zur richtigen Zahnpflege

Durch eine gute Zahnpflege verbesserst du die Lebensqualität sowie das Wohlbefinden deines Lieblings. Hier findest du 3 grundlegende Dinge, die du dabei beachten solltest.

·   **Die richtige Ernährung**
Gebe deinem Hund keine industriell hergestellten Produkte, die eine zu schlechte Qualität aufweisen. In der Regel beinhalten sie zu viel Getreide und zu viel Zucker.
Trockenfutter ist meist besser für die Zähne als Nassfutter. Durch die feste Konsistenz bleiben weniger Nahrungsreste zurück. Zusätzlich unterstützt Trockenfutter durch den Abrieb die Selbstreinigung der Zähne.

Tipp: Probiere es doch mal mit Barfen. Das ist eine natürliche Ernährungsform, bei der du die Zutaten im Rohkost Zustand

verabreichst. Ein Vorteil davon ist die Förderung der Zahngesundheit deines Hundes.

· **Zahnpflegespielzeug und Kauknochen**

Je öfter dein Hund auf etwas Festem kaut, desto besser reinigt
er seine eigenen Zähne. Es gibt spezielles Hundespielzeug zum
Kauen und Knabbern. Auch naturbelassene Knorpel tragen zur
Zahngesundheit bei.

Achte darauf, dass sich das Kauspielzeug nur für ausgewach-
sene Hunde eignet. Bei Welpen oder älteren Hunden solltest
du darauf verzichten, da die Zähne sonst beschädigt werden
können.

· **An Zahnkontrollen gewöhnen**

Wenn du deinen Hund schon im Welpenalter an Zahnkontrollen gewöhnst, ist diese Prozedur später einfacher. Von Anfang
an solltest du dir die Zähne deines Hundes regelmäßig ansehen
und Kontrollgriffe durchführen. Du kannst auch vorsichtig seine
Zähne putzen. Dafür solltest du weiche Zahnbürsten oder einen Fingerling und eine spezielle Hundezahnpasta verwenden.
Außerdem kannst du ein Zahnpflege-Gel für Hunde auftragen.
Das tötet die Bakterien im Maul ab, sodass sie sich nicht mehr
festsetzen können.

Zahnwechsel beim Welpen

Welpen kommen zahnlos zur Welt. Innerhalb der ersten 12 Wochen wachsen dem Welpen Milchzähne. Ab dem 3. Monat fallen sie wieder aus und machen Platz für die Erwachsenen-Zähne. Diese sollten bis zum 6. Monat komplett gewechselt sein.

Normalerweise löst der Zahnwechsel keine Probleme aus. Es kann jedoch vorkommen, dass der junge Hund auch im 6. Monat noch nicht alle Milchzähne verloren hat. Ebenfalls könnte es noch Zahnlücken geben, weil die richtigen Zähne noch nicht nachgewachsen sind. Ist das bei deinem Welpen der Fall, solltest du mit ihm zu einem Tierarzt gehen.

Ähnlich wie Säuglinge leiden auch die Welpen beim Zahnwechsel. Durchfall, erhöhte Körpertemperatur und Schmerzen in der Kiefergegend sind völlig normal. Vermutlich frisst dein Hund in diesem Zeitraum auch weniger. Deswegen solltest du deinen Hund währenddessen unterstützen. Gib ihm zum Beispiel Kauartikel speziell für den Zahnwechsel. Ansonsten eignen sich kalter Joghurt und weicher Käse hervorragend für den Zahnwechsel. Sie sind gesund, weich und kühlen das Gebiss. Auf Zerrspiele und harte Leckerlis solltest du während dieser Zeit verzichten. Das Gebiss ist sehr sensibel und dein Hund hat womöglich Schmerzen. Durch starkes Beißen würden sich die Symptome wahrscheinlich verschlimmern. Außerdem könnte das Gebiss nachhaltig geschädigt werden.

Wenn du an den Zahnwechsel mit viel Geduld und noch mehr Streicheleinheiten herangehst, wird es deinem Hund sicherlich leichter fallen. Die Phase wird genauso schnell vorübergehen, wie sie auch gekommen ist.

Zahnwechsel beim Welpen

Zähne	Durchbruch im Alter von
Schneidezähne	3. bis 5. Lebensmonat
Eckzahn	5. bis 7. Lebensmonat
Erster vorderer Backenzahn	4. bis 5. Lebensmonat
Übrigen vorderen Backenzähne	5. bis 6. Lebensmonat
Erster hinterer Backenzahn	4. bis 5. Lebensmonat
Zweiter hinterer Backenzahn	5. bis 6. Lebensmonat
Dritter hinterer Backenzahn - nur Unterkiefer	6. bis 7. Lebensmonat

HUNDEO.COM

Zahnstein bei Hunden

Zahnstein entsteht durch die hängengebliebenen Nahrungsreste, die ein gefundenes Fressen für Bakterien sind. Diese bilden dann eine feste Schicht auf der Zahnoberfläche, die auch Plaque genannt wird. Ist sie stark verhärtet und mit dem bloßen Auge sichtbar, spricht man von Zahnstein. Wird es nicht behandelt, greifen die Bakterien auch das Zahnfleisch an und drängen es weiter zurück. Durch diesen Prozess werden sowohl das Zahnfleisch als auch die Zähne und Knochen geschädigt. Die Folgen sind lockere Zähne und Zahnausfall.

Du erkennst Zahnstein bei deinem Hund an den grau-grünen bis braunen Verfärbungen, die meist am Zahnansatz beginnen und sich über den Zahn ausbreiten. Starker Geruch aus dem Maul und Zahnfleischbluten sind ebenfalls Anzeichen für Zahnstein. Vermutlich hat dein Hund Zahnschmerzen und frisst dadurch weniger.

Wenn du es dir zutraust, kannst du den Zahnstein selbst von den Zähnen deines Hundes abkratzen. Einen einfachen Zahnbelag kannst du vorsichtig mit einer weichen Zahnbürste entfernen. Ist der Belag hartnäckig, solltest du vorher ein spezielles Zahn-Gel auftragen. Die in ihm enthaltenen Enzyme weichen den Zahnstein auf. Wenn die Zähne nun vorbehandelt sind, kannst du den Zahnstein vorsichtig abkratzen. Dafür solltest du ein spezielles Zahnsteinentferner-Set benutzen.

Falls du dir die Zahnsteinentfernung nicht selbst zutraust oder dein Hund nicht ruhig genug bleibt, kann dein Tierarzt den

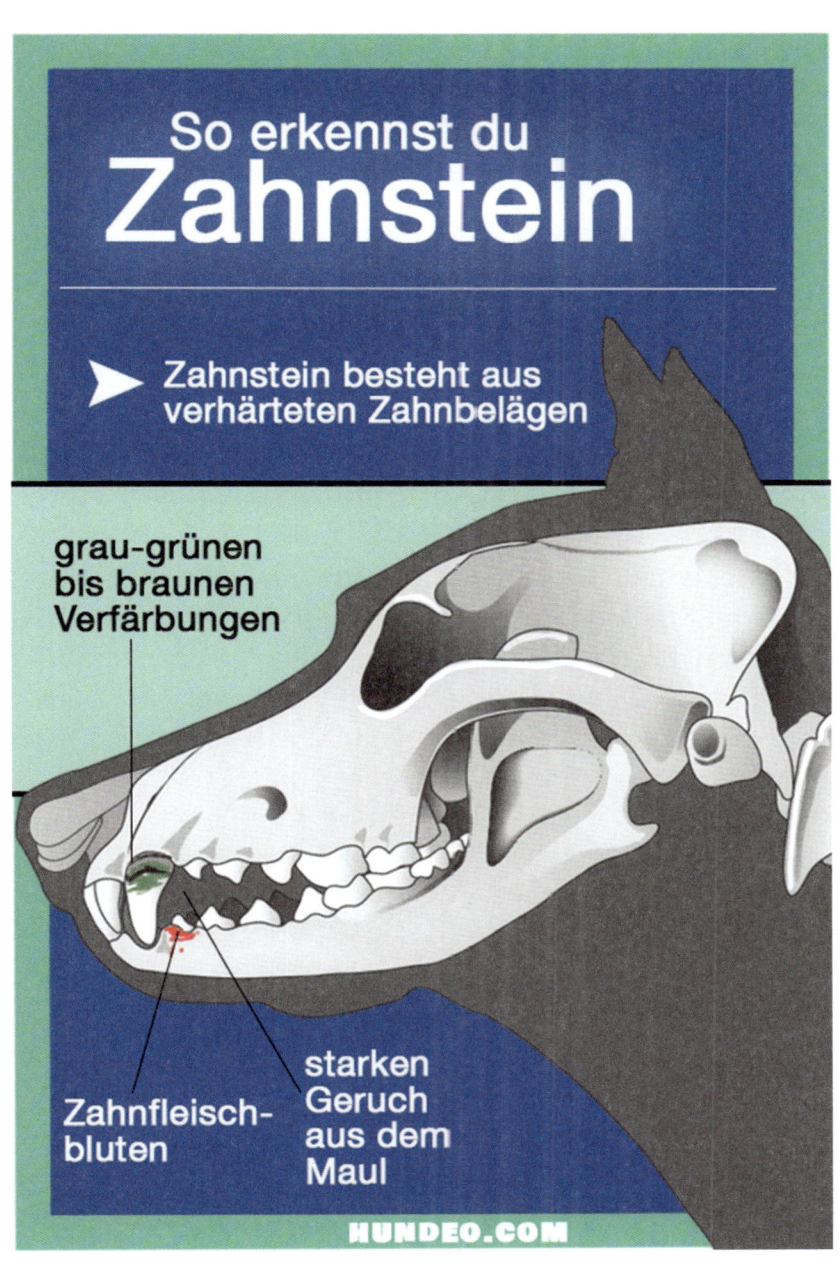

So erkennst du
Zahnstein

➤ Zahnstein besteht aus verhärteten Zahnbelägen

grau-grünen bis braunen Verfärbungen

Zahnfleisch-bluten

starken Geruch aus dem Maul

HUNDEO.COM

Zahnstein unter Narkose entfernen. Das ist leider kostenauf-wendig. Hinzu kommt das Narkoserisiko für deinen Hund. Du solltest jedoch spätestens zum Tierarzt gehen, wenn dein Hund starke Schmerzen hat, die Nahrung verweigert oder sein Zahn-fleisch blutet.

Damit es erst gar nicht so weit kommt, solltest du die bereits genannten Tipps zu Vorbeugung beherzigen.

Zahnfleischentzündung (Gingivitis)

Zahnfleischentzündungen sind bei Hunden keine Seltenheit. Im Verlauf der Krankheit entzündet sich der Zahnfleischsaum und es kommt zu Rötungen und glasigen Stellen an den Zahnfleisch-rändern. Auch Zahnfleischblutungen treten vermehrt auf. Bei einer unbehandelten Gingivitis kann es zu folgenden Proble-men kommen:

·   Zahnfleischschwund
·   Bildung von Zahnfleischtaschen
·   Freilegung der Zahnwurzeln
·   Vereiterung
·   Kieferknochen werden angegriffen (Parodontitis)
·   Zahnausfall

In den allermeisten Fällen nimmt die Krankheit unbehandelt ein schlechtes Ende. Nur in seltenen Fällen heilt sie von alleine oder bleibt im Anfangsstadium stehen. Sollte der Verdacht auf eine Zahnfleischentzündung bestehen, muss dein Hund umgehend zum Tierarzt. Dort wird vermutlich der gesamte Mundraum desinfiziert. Außerdem könnte eine anschließende kurzweilige Behandlung mit Antibiotika angeordnet werden. Einige Tierärzte bieten auch homöopathische Ansatzmethoden an.

Durch richtige Pflege vorbeugen

Die meisten Zahnkrankheiten beim Hund lassen sich durch eine gute Zahnpflege vorbeugen. Dafür musst du einfach nur die bereits genannten Tipps befolgen. Durch zucker- und getreidefreies Futter wird den Bakterien ihre Nahrungsquelle genommen und sie können sich nicht mehr festsetzen. Kauspielzeuge und Kauknochen tragen zum Abrieb der restlichen Nahrung bei. Wenn du zusätzlich regelmäßig die Zähne deines Hundes kontrollierst, steht seiner Zahngesundheit nichts mehr im Weg.

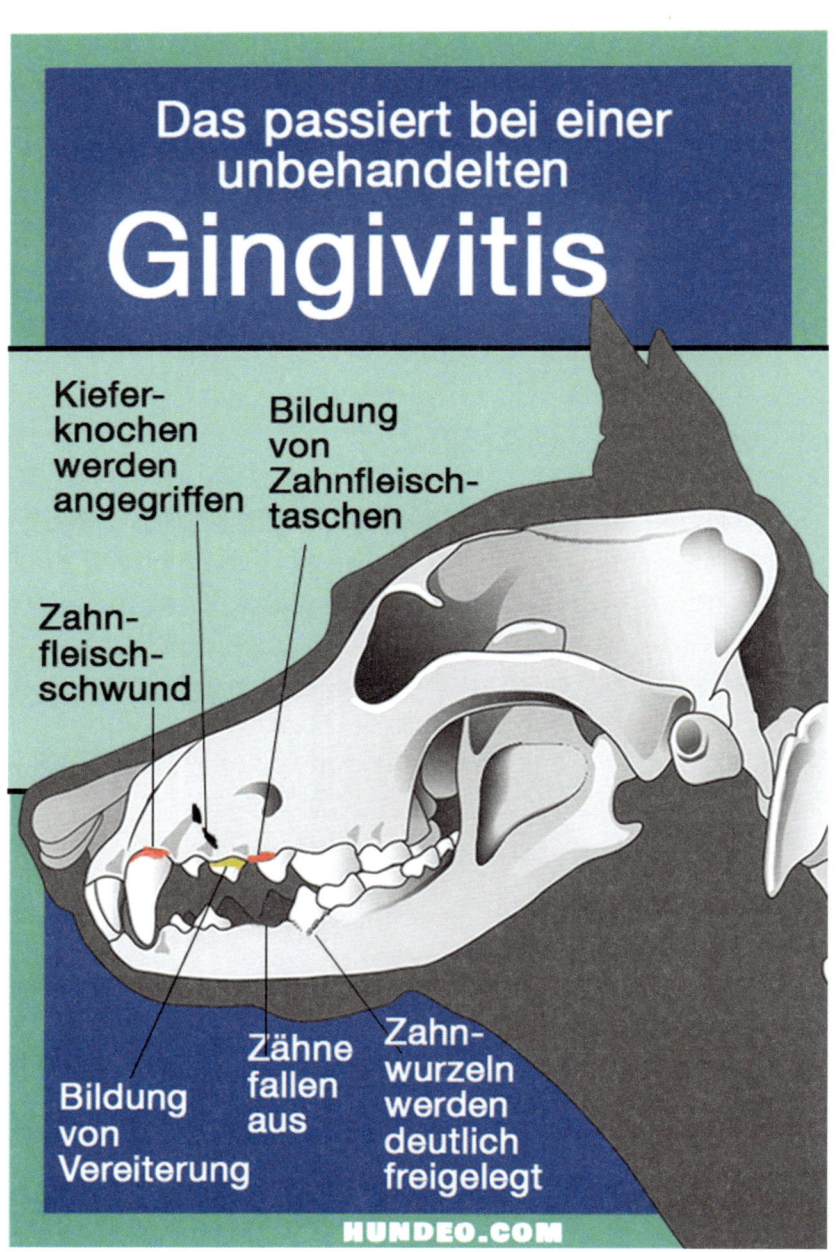

Das passiert bei einer unbehandelten

Gingivitis

Kiefer-knochen werden angegriffen

Bildung von Zahnfleisch-taschen

Zahn-fleisch-schwund

Bildung von Vereiterung

Zähne fallen aus

Zahn-wurzeln werden deutlich freigelegt

HUNDEO.COM

2.9. Das 1x1 der Wurmkur

Die richtige Entwurmung bei Hunden ist momentan ein großer Diskussionspunkt. Die konventionelle Wurmkur gerät dabei nach und nach in die Kritik. Als Alternativen werden pflanzliche Wurmkuren oder regelmäßige Kotuntersuchungen in Betracht gezogen. Doch was ist nun das richtige für deinen Hund?

Jede dieser Methoden hat seine Vor- und Nachteile. Deswegen sollte jeder individuell entscheiden, wie die Entwurmung bei seinem Hund vorgenommen werden soll. Im Folgenden findest du eine Zusammenfassung der verschiedenen Methoden, sodass du für deinen Liebling die richtige auswählen kannst.

Würmer – unerwünschte Parasiten

Unsere Hunde können von verschiedenen Würmern befallen werden. Hauptsächlich handelt es sich um Bandwürmer, Spulwürmer, Hakenwürmer, Herzwürmer, Peitschenwürmer und Lungenwürmer. Die meisten gelangen als Eier über Zwischenwirte wie Flöhe oder Mücken in den Körper unserer Lieblinge. Oft werden sie über die Blutbahnen transportiert und setzen sich im Darm oder in Organen wie Leber, Herz und Lunge fest. Dort ernähren sie sich vom Blut oder dem Darminhalt des Wirtes. Die ausgewachsenen Würmer legen Eier, die ausgeschieden werden und wieder andere Lebewesen befallen können. Besonders hoch ist die Ansteckungsgefahr für Welpen, wenn die Mutter unter einem Wurmbefall leidet. Einige Wurmarten können das ungeborene Hundebaby schon im Mutterleib befallen, andere werden durch das Säugen übertragen. Deswegen ist eine Wurmkur besonders bei Welpen wichtig.

An diesen Symptomen kannst du einen Wurmbefall bei deinem Hund erkennen:

· Verdauuungsbeschwerden, Verstopfung
· Trägheit, Müdigkeit
· Anfälligkeit für Krankheiten
· Gewichtsverlust
· glanzloses Fell
· starker Juckreiz im Analbereich
 (Schlittenfahren", Lecken des Analbereichs)
· Blutarmut
· evtl. Erbrechen oder Durchfall
· evtl. Wachstumsstörungen
· beim Spulwurm: aufgeblähter Bauch

So wirkt eine chemische Wurmkur

Chemische Wurmkuren gibt es als Tabletten oder Spot-on-Präparate. Durch sie werden Parasiten und Würmer im Darm oder im Blut abgetötet. Außerdem veranlassen sie, dass die unerwünschten Parasiten durch den Kot ausgeschieden werden. Um sicher zu gehen, dass die Würmer auch wirklich absterben, sind starke chemische Mittel notwendig. Dadurch kann es zu Nebenwirkungen für unsere Hunde kommen. Die Wurmkuren greifen leider auch die Darmflora mit ihren gesunden Bakterien an. Schädliche Bakterien können sich somit viel schneller

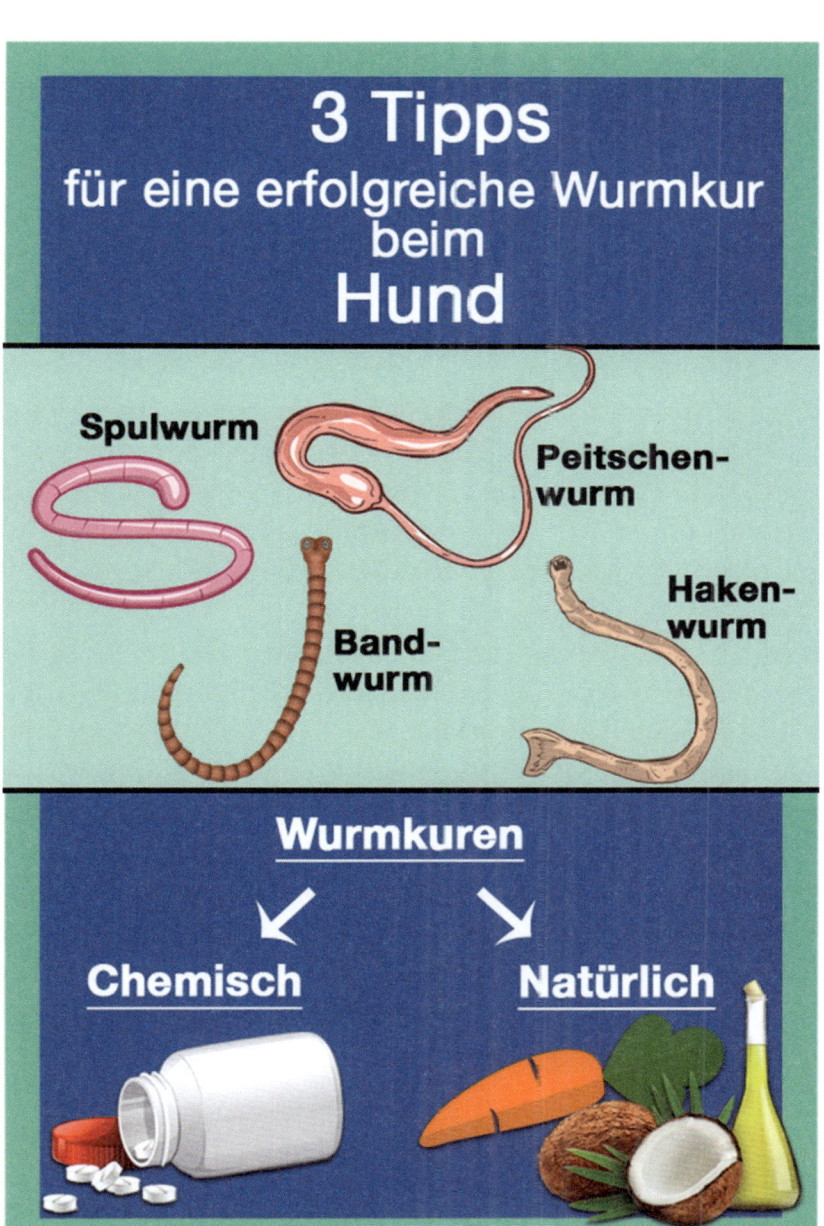

vermehren und es kann zu Magen- und Darmbeschwerden kommen. In einigen Fällen sind auch das Immunsystem und die Leber betroffen.

Die Mittel zu Entwurmung werden bei erwachsenen Hunden normalerweise alle drei Monate verabreicht. Je nach Lebensumstände kann sich der Abstand zwischen den Kuren verkürzen oder verlängern. Besonders bei Hunden, die auf dem Land leben und oft Kontakt zu Aas und Mäusen haben, werden kürzere Abstände empfohlen. Nachdem die Wurmkur-Tablette eingenommen wurde, tötet sie innerhalb der nächsten 24 Stunden alle Würmer und ansteckenden Wurmeier im Körper des Hundes ab. Einen Tag später kann sich der Hund aber wieder anstecken, indem er weitere Eier aufnimmt.

Das klingt so, als wäre eine chemische Wurmkur nicht effektiv. In den meisten Fällen ist sie das auch wirklich nicht, da der Hund überhaupt keinen Wurmbefall hatte. Falls sich ein Hund jedoch tatsächlich mit den Parasiten ansteckt, dauert es durchschnittlich 4 Wochen, bis sich die Eier zu Würmern entwickelt haben. Danach vergeht wieder Zeit, bis die ersten Symptome auftreten. Wenn die Wurmkur regelmäßig verabreicht wird, tötet die nächste Tablette alle Schädlinge ab und der Hund ist wieder wurmfrei. Das bedeutet also, dass die Wurmkur bei Nichtbefall zwar nichts verändert, bei regelmäßiger Anwendung ein Befall aber höchstens wenige Wochen andauert.

Eine regelmäßige Wurmkur macht dann für deinen Hund Sinn, wenn er

- noch ein Welpe ist,
- eine hohe Ansteckungsgefahr hat
- oder mit Kleinkindern zusammenlebt.

Sprich die Einnahme am besten mit einem Tierarzt ab, um die Nebenwirkungen so gering wie möglich zu halten. Wenn du dich gegen die chemische Wurmkur entscheidest, solltest du sie spätestens bei einem akuten Wurmbefall anwenden.

Nach jeder Behandlung mit einer Wurmkur solltest du deinem Hund ein natürliches Mittel zur Stabilisierung der Darmflora geben. Dadurch werden die Nebenwirkungen gelindert. Außerdem wird es ihm dabei helfen, sein natürliches Immunsystem wieder aufzubauen.

Vorsicht bei natürlichen Wurmkuren

Momentan werden immer mehr natürliche und homöopathische Wurmkuren als Alternative angeboten. Sie haben weniger bis keine Nebenwirkungen und angeblich dieselbe Wirkung wie chemische. Doch besonders bei homöopathischen Rezepten, die nur von der Wirkung der Pflanze abgeleitet sind, ist Vorsicht geboten. Sie helfen oft nicht ansatzweise so gut wie das eigentliche pflanzliche Mittel. Hier besteht immer das Risiko, dass unsere Liebsten mit einem akuten Befall zu lange ohne Wirkung behandelt werden. Ob diese Mittel wirklich effektiv und zeitgerecht wirken, ist nicht gänzlich belegt. Im schlimmsten Fall schreitet der Befall weiter fort und unsere Hunde leiden weiterhin an den Symptomen.

Falls du es trotzdem mit einer natürlichen Wurmkur versuchen möchtest, solltest du deinen Tierarzt um Rat bitten. Ansonsten haben wir dir hier einige natürliche Hausmittel zusammengestellt, die zwar die Wirkung einer chemischen Wurmkur nicht ersetzen können, aber auf jeden Fall zum Schutz beitragen werden.

- **Kokosöl**
  Über einige Tage je nach Größe deines Hundes einen halben Teelöffel bis
  einen Esslöffel täglich dem Futter beimischen.
  Mehr Informationen zur Wirksamkeit von Kokosöl findest du im Kapitel 3.2. Wirksame Öle für deinen Hund.

- **Karotten**
  Bei einem Wurmbefall kannst du deinen Hund einige Tage lang vermehrt mit pürierten oder geraspelten Karotten füttern.

- **Geschälte Kürbiskerne**
  Pro 10 kg Körpergewicht ca. 1 Esslöffel zwei bis dreimal täglich in Futter mischen. Dieses Nahrungsergänzungsmittel kannst du deinem Hund ungefähr eine Woche lang geben.

Kotuntersuchung als Alternative

Wenn du deinem Hund eine chemische Wurmkur nur bei einem tatsächlichen Befall verabreichen möchtest, solltest du auf regelmäßige Kotuntersuchungen zurückgreifen. Dafür musst du die Hinterlassenschaften deiner Fellnase 3 Tage lang sammeln und deinem Tierarzt zur Untersuchung geben. Im Labor wird dann untersucht, ob sich im Kot Wurmeier nachweisen lassen. Werden diese gefunden, handelt es sich sicher um einen Wurmbefall und du kannst mit der Entwurmung beginnen. Ein negatives Ergebnis bedeutet aber nicht, dass dein Hund wurmfrei ist. In den ersten 4 Wochen nach der Aufnahme von Wurmeiern können die Larven und heranwachsenden Würmer noch keine Eier abgeben. Sie können also auch nicht mithilfe einer Kotuntersuchung diagnostiziert werden.

Die Kotuntersuchung eignet sich am besten für Hunde, die ein eher geringes Risiko für Wurmbefall haben. Das ist dann der Fall, wenn sie nicht so oft draußen sind und wenig Kontakt zu anderen Tieren haben. Auch Besitzer, die ihren Hunden nicht regelmäßig chemische Substanzen geben wollen, können darauf zurückgreifen.

Die richtige Methode zur Entwurmung deines Hund finden

Du hast sicherlich gemerkt, dass keine der hier vorgestellten Methoden perfekt ist. Jede hat ihre Vor- und Nachteile. Deswegen kann man auch nicht pauschal sagen, dass eine besser als die andere ist. Es kommt darauf an, wie das Risiko für einen Wurmbefall bei deinem Hund ist und wie er auf chemische Wurmkuren reagiert. Bei einem erhöhten Risiko ist die konventionelle Wurmkur zu empfehlen, da sie die Parasiten spätestens wenige Wochen nach dem Befall abtötet. Jedoch kann sie zu Nebenwirkungen führen.

Regelmäßige Kotuntersuchungen sind geeignet, wenn dein Hund ein vergleichsweise geringes Risiko hat oder zu starke Nebenwirkungen von der chemischen Wurmkur bekommt. Zusätzlich kannst du deiner Fellnase Kokosöl, Karotten oder Kürbiskerne zur Vorbeugung geben. Wenn du Symptome eines Wurmbefalls bemerkst, solltest du auf jeden Fall auf eine normale Wurmkur zurückgreifen. Nur so kannst du sichergehen, dass dein Hund sich nicht zu lange mit den nervigen Symptomen plagt.

2.10. So entfernst du Zecken richtig

Wenn dein Hund eine Zecke hat, solltest du unbedingt handeln. Die unscheinbaren Parasiten verstecken sich unter dem Fell unserer Hunde, ernähren sich von ihrem Blut und können gefährliche Krankheiten übertragen. Deswegen ist eine schnelle und vor allem gründliche Entfernung der Zecke wichtig. Hier kannst du nachlesen, wie du das mit verschiedenen Hilfsmitteln richtig durchführst.

Warum das richtige Zeckenentfernen so wichtig ist

Zecken sind Überträger vieler Krankheiten. Dabei gelangen die Krankheitserreger wie Bakterien oder Viren vom infizierten Parasiten in das Blut des Hundes. Das passiert in der Regel innerhalb der ersten 16 bis 24 Stunden nach dem Zeckenstich. Mit jeder fortgeschrittenen Minute steigt also das Ansteckungsrisiko. Genau aus diesem Grund solltest du eine Zecke direkt nach der Entdeckung beseitigen.

Folgende Krankheiten können durch Zecken übertragen werden:
· Anaplasmose
· Babesiose
· Borreliose
· Ehrlichiose
· Frühsommer-Meningoenzephalitis (FSME)

Solltest du es dir nicht zutrauen, eine Zecke selbst zu entfernen, kannst du das deinem Tierarzt überlassen. Vielleicht zeigt er dir sogar, wie du beim nächsten Mal alleine vorgehen kannst.

Entfernen mit einer Zeckenzange

Auf dem Markt werden verschiedene Hilfsmittel und Gegenstände angeboten, mit denen du problemlos eine Zecke bei deinem Vierbeiner entfernen kannst. Die Zeckenzange gehört neben der Zeckenschlinge und dem Zeckenstift zu den beliebtesten unter ihnen. Für die richtige Anwendung der Zange geben wir dir hier eine kurze - aber hilfreiche – Anleitung:

1. Teile das Fell, sodass die Zecke frei liegt.
2. Öffne die Zange. Drücke dafür den Knopf der Zange mit dem Daumen nach unten.
3. Umschließe die Zecke mit der Zange. Achte darauf, dass du so nah wie möglich an die Haut kommst.
4. Lasse den Knopf los, um die Zange zu schließen.
5. Drehe die Zange vorsichtig, um die Zecke zu lösen. Ziehe sie dann langsam und auf keinen Fall ruckartig aus der Haut deines Lieblings.

Entfernen mit einer Zeckenschlinge

Der Vorgang hierbei ist fast der gleiche wie bei der Zeckenzange:

1. Falls die Schlinge noch nicht gelockert ist, erledige das als erstes.
2. Teile das Fell, sodass du die bestmögliche Sicht auf die Zecke hast.
3. Lege die lockere Schlinge um die Zecke. Versuche dabei so nah wie möglich an die Haut zu kommen.
4. Schließe die Schlinge.
5. Ziehe die Zecke senkrecht mit der Schlinge aus der Haut.

Entfernen mit einem Zeckenstift oder eine Zeckenkarte

Die Vorgehensweise bei Zeckenstiften und Zeckenkarten ist dieselbe:

1. Teile das Fell, um möglichst freie Sicht auf die Zecke zu haben.
2. Schiebe das Hilfsmittel an der Haut entlang und klemme es unter die Zecke.
3. Schiebe es so lange weiter, bis du die Zecke entfernt hast.

Mache dir keine Sorgen, wenn nach der Zeckenentfernung noch ein kleiner schwarzer Punkt auf der Haut zurückbleibt. Es ist nicht, wie oft angenommen, der Kopf der Zecke. Da bei Zecken der Kopf und der Körper nahtlos ineinander übergehen, ist es fast nicht möglich, den Kopf abzutrennen. Was sich nun noch in der Haut befindet, sind Teile des Mundwerkzeugs. Sie stellen ohne den Körper keine Gefahr mehr da und werden nach einer Weile von der Haut abgestoßen.

3 Tipps zum richtigen
Zecken
entfernen beim Hund

- Es ist riskant, die Zecke beim Hund stecken zu lassen
- Zecke direkt nach Entdeckung beseitigen.

1 cm

Das brauchst du

1. Zeckenzange
2. Zeckenschlinge
3. Zeckenstift und
   Zeckenkarte →

Krankheiten
von Zecken

- Anaplasmose
- Babesiose
- Borreliose
- Ehrlichiose

Das Mundwerkzeug der Zecke
darf nicht in der Haut stecken
bleiben, wenn du sie herausziehst

HUNDEO.COM

Die richtige Nachbehandlung

Damit sich die Stelle nicht entzündet und die bereits übertragenen Bakterien abgetötet werden, empfehlen wir dir eine passende Nachbehandlung. Das wichtigste dabei ist die Desinfektion. Achte darauf, spezielles „Hunde-Desinfektionsmittel" zu verwenden. Im Gegensatz zum üblichen Desinfektionsmittel wird dort auf alkoholische Rückstände verzichtet. Du solltest deinen Hund noch eine Weile nach dem Zeckenstich genauer beobachten. Falls eine Krankheit übertragen wurde, sind die Symptome erst nach mehreren Wochen zu sehen. Bei Beschwerden wie Fieber, Durchfall, Erbrechen, verfärbtem Urin oder Schlappheit solltest du unmittelbar einen Tierarzt aufsuchen.

Durch Zeckenkontrollen vorsorgen

Natürlich ist es noch viel besser, wenn es gar nicht erst so weit kommt. Durchsuche das Fell deines Lieblings also am besten täglich nach Zecken. Besonders in den warmen Jahreszeiten solltest du nach jedem Spaziergang eine Zeckenkontrolle durchführen. So kannst du sichergehen, dass sich der Parasit noch nicht lange im Fell befindet und noch keine Krankheiten übertragen konnte.

2.11. Sicher und effektiv Krallen schneiden

Die Krallen eines Hundes wachsen nach wie bei uns Menschen die Finger- und Fußnägel. Laufen Hunde viel auf Asphaltboden und anderen harten Oberflächen, nutzen sie sich von alleine ab und werden dadurch kürzer. Auf Wiesen, Sand und Waldböden ist die Abnutzung wesentlich geringer. Auch bei vielen älteren Hunden nutzen sich die Krallen geringer ab, da sie sich weniger bewegen. In diesen Fällen ist es notwendig, die Krallen zu schneiden. Dabei ist einiges zu beachten, um den Hund nicht zu verletzen. Falls du dir unsicher bist, kannst du das Kürzen auch beim Tierarzt oder in einem Hundesalon machen lassen. Mit einigen einfachen Tipps gelingt dir das Schneiden der Krallen aber auch ohne professionelle Unterstützung.

Tipps für das Kürzen

Wann sollte gekürzt werden?
Geht dein Hund über Parkett oder Fliesen und es ist ein Klicken zu hören, dann sollten die Nägel kontrolliert werden ob diese zu lang sind. Berühren sie den Boden, behindern sie deinen Liebling beim Laufen. Wird das Schneiden zu lange hinausgezögert, kann es sogar schmerzhaft für ihn werden.

Welche Zange/Schere sollte ich nutzen?
Du kannst zum Kürzen der Krallen beispielsweise eine Krallenzange verwenden. Die Klingen dieser Zange sind abgerundet

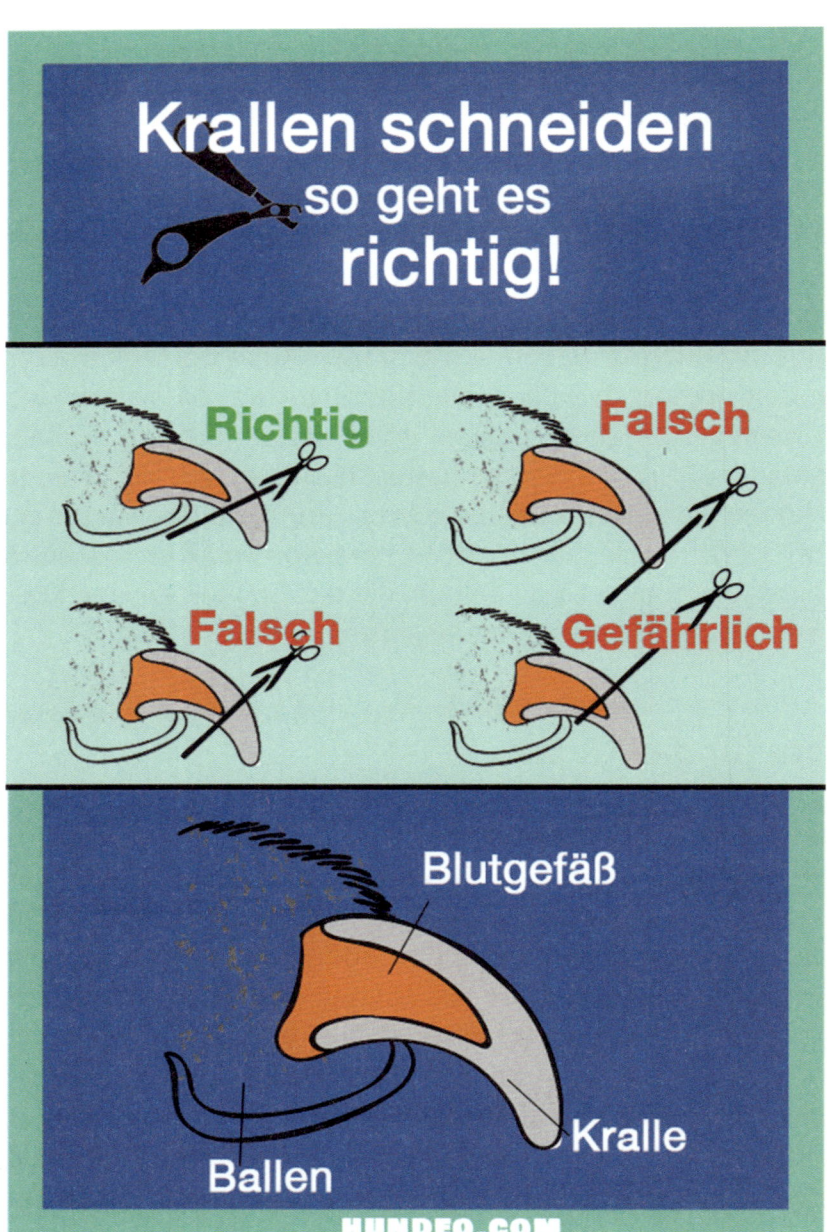

und schneiden die Kralle optimal. Es ist wichtig, dass die Zange nicht stumpf ist und gut in der Hand liegt. Umso rascher und präziser die Zange schneidet, desto angenehmer ist es im Endeffekt für deinen Hund.

Wie komme ich gut an die Pfoten?
Am einfachsten ist das Kürzen, wenn dein Hund auf der Seite liegt. Dann ist jede Pfote gut zu erreichen, zu sehen und zu beschneiden.

Bis wohin kann ich schneiden?
Aufgrund der Nerven und Blutgefäße kannst du die Krallen nicht einfach an einer beliebigen Stelle abschneiden. Bringe viel Feingefühl auf und kürze die Kralle nur Stück für Stück. Bei hellen Krallen kannst du das rosarote Innenleben und somit den durchbluteten Teil der Kralle leicht erkennen, wenn du sie mit einer Taschenlampe beleuchtest. Bei dunklen Krallen ist das nicht so einfach. In diesem Fall solltest du dich Stück für Stück herantasten. Siehst du einen dunklen Punkt auf der Schnittfläche, bist du kurz vor den Blutgefäßen.

Was ist, wenn mein Hund zu ängstlich oder unruhig ist?
Das Krallenschneiden ist natürlich stressig für deinen Hund. Versuche, ihn schrittweise daran zu gewöhnen. Fange damit an, einfach nur seine Pfoten mit der Zange zu berühren. Wenn du das schon im Welpenalter machst, wird er später keine Probleme mehr damit haben.
Ist dein Hund trotzdem zu unruhig, kannst du auch immer nur eine Kralle pro Tag schneiden. Achte darauf, dass du selbst gelassen bleibst. Wirst du ungeduldig, überträgt sich das auf dei-

nen Hund. Funktioniert auch das nicht, kannst du es mit einer Feile versuchen. Das könnte etwas angenehmer für deinen Liebling sein.

2.12. Wenn dein Liebling einmal Schonkost braucht

Ob wegen einer vorherigen Operation, einer Lebensmittelunverträglichkeit oder wegen Magen- und Darmbeschwerden: Es gibt zahlreiche Gründe, weshalb dein Hund Schonkost benötigen könnte. Durch leichte und gut verträgliche Lebensmittel wird das Verdauungssystem beruhigt und nicht weiter aufgewühlt. Hundefutter für diese Ernährungsumstellung gibt es in fast jedem Tierfachmarkt oder Online. Es ist jedoch empfehlenswert, die Schonkost für deinen Hund selbst zuzubereiten.

Geeignete Lebensmittel

Die Klassiker für Schonkost sind Fleisch, Gemüse und Reis. Unter bestimmten Umständen ist es möglich, auch Magerquark und Hüttenkäse auf den Speiseplan zu setzen. Diese unterstützen die Darmflora und liefern Flüssigkeit sowie Proteine. Beim Fleisch solltest du darauf achten, dass es sich um möglichst fettarmes und bekömmliches Fleisch handelt. Koche es vorher gut durch und halte es von Salz und anderen Gewürzen frei. Auf Schweinefleisch muss dein Hund während dieser Zeit verzichten. Geflügel- und Rindfleisch hingegen eignen sich sehr gut.

Reis dient als ideale Beilage. Er sollte weichgekocht sein, sodass er leichter bekömmlich ist. Lasse auch hier das Salz weg.
Bestimmte Gemüsesorten wie Karotten, Kartoffeln und Kürbisfleisch eignen sich ebenfalls sehr gut für die Schonkost deines
Lieblings. Das gilt jedoch nur, wenn du das Gemüse vorher
kochst und pürierst. Leinsamen und Haferflocken helfen bei der
Darmreinigung und unterstützen die Darmflora.

Fisch und Fleisch:
- Hähnchenfleisch
- Putenfleisch
- Rindfleisch
- magerer Fisch (z.B. Forelle, Lachs und Sardinen)

Gemüse:
- Kartoffeln
- Karotten
- Zucchini
- Kürbis

Milchprodukte (am besten laktosefrei):
- fettarmer Magerquark
- fettarmer Hüttenkäse

weitere Lebensmittel:
- Reis
- Leinsamen
- Haferflocken
- Äpfel
- Honig

Geeignete Lebensmittel für eine Schonkost

weichgekochter **Reis** ohne Salz

gekochtes und püriertes **Gemüse**

Leinsamen und Haferflocken für die Darmreinigung und Darmflora

HUNDEO.COM

Rezeptideen für Schonkost

Die folgenden Rezepte sind abgestimmt für einen 25 kg schweren Hund. Je nach Alter und Größe solltest du die Mengen an den Bedarf deines Hundes anpassen.

> **1)   Karottensuppe mit Haferflocken**
>
> - 300 g Karotten
> - 100 g Kartoffeln
> - ½ TL Honig
> - 1 EL Haferflocken

1. Karotten und Kartoffeln schälen und kleinschneiden
2. Beide Zutaten weichkochen und pürieren
3. Honig und Haferflocken dazugeben und abkühlen lassen

> **2)   Gemüsetopf mit Hüttenkäse**
>
> - 100 g Zucchini
> - 100 g Karotten
> - 100 g Kürbisfleisch
> - 100 g Kartoffeln
> - 1 – 2 TL Honig
> - 1 EL Leinsamen
> - 2 EL Hüttenkäse

1. Gemüse waschen, schälen und kleinschneiden
2. Gemüse weichkochen und pürieren
3. Honig, Leinsamen und Hüttenkäse dazugeben, miteinander

vermengen und abkühlen lassen

---

3)   Kürbispüree mit Hähnchen und Reis

- 200 g Reis
- 100 g Hähnchenfleisch
- 150 g Kürbisfleisch
- ½ Apfel
- 1 EL Haferflocken

---

1. Reis kochen
2. Hähnchenfleisch und Kürbisfleisch kleinschneiden, weichkochen und pürieren
3. Reis dazugeben und vermengen
4. Apfel entkernen und raspeln
5. Apfel und Haferflocken dazugeben, vermengen und abkühlen lassen

Normale Magenverstimmung oder schwerwiegende Krankheit?

Genauso wie bei uns kommt es auch bei unseren Hunden vor, dass sie sich den Magen verderben. Solange diese Verstimmung nicht in regelmäßigen Abständen vorkommt, ist das ganz normal und wird nach ein paar Tagen Schonkost wieder vorüber sein. Sollten die Symptome nach längerer Schonkost-Kur noch nicht abklingen, dann benachrichtige deinen Tierarzt. Auch bei weiteren Begleitsymptomen solltest du abklären lassen, ob sich dahinter eine Krankheit verbirgt.
Frage in Zweifelsfällen immer deinen Tierarzt um Rat.

3 Diese Tipps steigern die Gesundheit deines Hundes

3.1. Die wichtigsten Vitamine

Vitamine sind wichtige Nährstoffe, die der Körper deines Hundes für viele lebenswichtige Funktionen benötigt. Die meisten müssen mit der Nahrung aufgenommen werden, weil der Körper sie nicht selbst produzieren kann. Grundsätzlich wird dein Hund durch ein hochwertiges Hundefutter bestens mit den notwendigen Vitaminen versorgt. Unter bestimmten Umständen, wie zum Beispiel Trächtigkeit, können Ergänzungsmittel sinnvoll sein. Über die Notwendigkeit und die Art der Dosierung solltest du mit deinem Tierarzt sprechen. Wichtig ist, dass Vitamintabletten nicht in zu hohen Dosen oder über einen zu langen Zeitraum verabreicht werden. In der Regel gilt: Sobald die Mangelerscheinungen verschwunden sind, sollten auch die Präparate abgesetzt werden.

Vitamin A

Dieses Vitamin ist in bestimmten Fetten enthalten. Es wird für den Fettstoffwechsel des Hundes benötigt. Aktives Vitamin A ist in tierischen Lebensmittel wie Lebertran, Eiern, Milch, Fischöl und Leber enthalten. Es ist für den Sehvorgang, der Produktion von Antikörpern und für das Wachstum des Hundes wichtig.

Anzeichen von Vitamin-A-Mangel sind:

- Unfruchtbarkeit
- Hornhauttrübungen
- Hautläsionen
- Infektionsanfälligkeit

Bei einer Überversorgung kann es zu Läsionen des Herzens und der Arterien, Appetitlosigkeit und Gelenkschmerzen kommen.

Vitamin B

Hinter diesem Oberbegriff stecken eine Vielzahl von Vitaminen. Sie sind für Stoffwechselprozesse und viele weitere wichtige Körperfunktionen entscheidend. Vitamin B kann im Organismus des Hundes nur in geringen Mengen gespeichert werden. Deswegen braucht dein Liebling eine regelmäßige Zufuhr dieses Nährstoffes. Normalerweise geschieht das über die normale Nahrung. Mittlerweile gibt es aber auch Präparate, die Vitamin B enthalten. Sie sind besonders für Hunde geeignet, die vegetarisch ernährt werden.

Als natürliche Vitamin-B-Quellen eignen sich tierische Nahrungsmittel wie Fleisch, Milch und Fisch.

Du erkennst eine Mangelerscheinung an folgenden Symptomen:

- Müdigkeit
- Apathie
- Verstärkung von Allergien
- vorzeitiges Ergrauen
- Haarausfall
- Wachstumsstörungen
- Muskelschwäche
- Herz-, Kreislaufstörungen
- erhöhte Infektionsanfälligkeit

Vitamin C (Ascorbinsäure)

Ascorbinsäure hat sehr viele wichtige Aufgaben im Körper. Dazu gehören unter anderem der Aufbau des Bindegewebes und die Unterstützung des Immunsystems. Im Gegensatz zu Menschen können Hunde Vitamin C selbst herstellen. Im Normalfall benötigen gesunde Hunde daher keine zusätzlichen Präparate.

Sollte doch ein Mangel bestehen, erkennst du ihn an folgenden Symptomen:

- schlechte Wundheilung
- Krankheitsanfälligkeit
- Blutarmut
- Blutungen
- Zahnfleischerkrankungen

Vitamin D

Dieses Vitamin ist wichtig für den Knochenaufbau und die Regulierung des Calciumspiegels im Blut. Bei einem Mangel werden die Stimmung sowie die psychische Verfassung des Hundes stark beeinflusst. Durch einen Vitamin-D-Mangel kann eine Rachitis entstehen. Das kommt häufig bei Junghunden und Welpen vor. Diese Krankheit ist durch eine Erweichung und Verformung der Knochen gekennzeichnet.

Der größte Anteil an Vitamin D wird über das Sonnenlicht aufgenommen. Bei Hunden mit einem dickeren Fell wird die Produktion erschwert. Dann kann eine Ergänzung helfen. Gutes

Hundefutter enthält eine gute Menge an Vitamin D. Wird das Futter selbst zubereitet, sind Zusatzpräparate sinnvoll.

Vitamin E

Vitamin E kann durch ungesättigte Fettsäuren aufgenommen werden. Bei Trächtigkeit und während der Wachstumsphase hat der Hund einen höheren Bedarf. Das kann durch Lebertran oder Fischöle ausgeglichen werden.

Ein Vitamin-E-Mangel zeichnet sich durch folgende Symptome aus:
· Gewichtsverlust
· Muskelschwäche
· Immunschwäche
· Blutstörungen
· Hautkrankheiten
· verminderte Fruchtbarkeit
· Augenkrankheiten

Vitamin K

Vitamin K ist für eine ganze Reihe wichtiger Funktionen im Körper zuständig. Dazu gehören unter anderem die Unterstützung der Leber und Niere und die Blutgerinnung. Außerdem trägt es zu einer gesunden Darmflora und einem guten Immunsystem bei.

Im Blattgemüse wie Spinat ist sehr viel Vitamin K enthalten. Jedoch ist dieses Lebensmittel für Welpen tabu und sollte auch

5

wichtige Vitamine für Hunde

B⁹ E VITAMIN D³ B¹² A

- B¹² Für den Stoffwechsel
- B⁹ Für die Zellteilung und das Wachstum
- D³ Für die Calcium- und Phosphor-Absorption im Darm
- A Für den Sehvorgang
- E Bei Trächtigkeit und während des Wachstums

bei großen Hunden nur in geringen Mengen gegeben werden. Es gibt jedoch auch gefahrlose Alternativen wie Vitamintabletten.

3.2. Wirksame Öle für deinen Hund

Öle können ein sinnvolles Nahrungsergänzungsmittel sein. Sie enthalten mehrfach ungesättigte Fettsäuren, die vom Organismus benötigt werden. Für eine gesunde Ernährung müssen sie daher unbedingt aufgenommen werden. Im Gegensatz zu gesättigten liefern ungesättigte Fettsäuren keine Energie, sondern aktivieren den Zellaufbau und stärken das Immunsystem. In vielen hochwertigen Hundefuttersorten sind bereits viele kaltgepresste Öle enthalten. Bei der Rohfutter-Ernährung oder bei nicht so hochwertigem Hundefutter empfiehlt es sich jedoch, zusätzlich Öle zu geben.

Die richtige Dosierung
Bei einem kleinen bis mittelgroßen Hund reicht ca. ein halber Teelöffel Öl am Tag aus. Bei großen Hunden ist ein halber Teelöffel pro 10 kg Körpergewicht notwendig. Es kann einfach dem normalen Futter beigefügt werden.

Öl: Nicht nur für die Ernährung
Verschiedene Öle können auch anderweitig verwendet werden. Zum Beispiel wird die Pfotenpflege durch die Verwendung von Ölen vereinfacht. Auch Wunden, Schuppen, Hautprobleme und Ekzeme können mit dem richtigen Öl behandelt werden. Im Gegensatz zu künstlich hergestellten Mitteln haben sie den

Vorteil, dass sie so gut wie keine Nebenwirkungen hervorrufen. Dennoch empfehlen wir dir, vor der Anwendung deinen Tierarzt zu fragen.

Hanföl

Dieses Öl wird aus den Samen des Nutzhanfs gewonnen und ist ein beliebtes Speiseöl. Es hat keine gefährlichen oder berauschenden Bestandteile. Die häufig mit Hanf verbundenen Rauschzustände werden von Substanzen in den Blättern der Pflanze ausgelöst, nicht von den Samen. Hanföl hat durch die vielen enthaltenen ungesättigten Fettsäuren eine sehr gesunde Wirkung für deinen Hund:

- Stärkung des Immunsystem
- dichtes und glänzendes Fell
- Stopp von Ekzemen und Entzündungen
- allergische Reaktionen werden reduziert

Es kann entweder dem Fressen beigefügt werden oder auf trockene oder entzündete Hautpartien eingerieben werden.

CBD-Öl

CBD ist eine Abkürzung für Cannabidiol. Dieser Wirkstoff wird ebenfalls aus der Hanfpflanze gewonnen. Jedoch führt er im Gegensatz zu THC weder zu Rauschzuständen, noch macht CBD süchtig. Das dazugehörige Öl ist ein sehr gesundes Nahrungsergänzungsmittel. Es kann bei sehr vielen Beschwerden helfen und hat viele positive Wirkungen im Körper.

CBD kann bei folgenden Beschwerden angewendet werden:

· Schmerzen
· Entzündungen
· Appetitlosigkeit
· Beschwerden des Verdauungssystems
· Immunschwäche
· Haut- und Fellprobleme
· Alterserscheinungen wie Arthrose oder Arthritis
· Zerrungen, Verstauchungen, Knochenbrüche
· Krebs
· Epilepsie
· Angststörungen
· Hyperaktivität

Kürbiskernöl

Die Hauptbestandteile dieses Öls sind ungesättigte Fettsäuren. Hinzu kommen viele Nährstoffe wie Eisen, Magnesium, Selen, Calcium, Zink, Vitamin A, B, C und E.

Die besonderen Wirkungen sind:

· Entgiftung
· Vorbeugung von Wurmbefall
· hilfreich bei Entzündungen von Nieren, Blase und

Harnwegen
· entzündungshemmend

Bei regelmäßiger Verabreichung kann das Kürbiskernöl die Beschaffenheit und das Aussehen von Fell und Haut verbessern. Außerdem kann es für die äußere Anwendung eingesetzt werden. Die Inhaltsstoffe eignen sich zur Behandlung von rissigen Stellen und machen die Pfoten weich.

Kokosöl

Dieses Öl enthält hohe Anteile an gesättigten Fettsäuren. Es ist reich an Capryl-, Laurin- und Myristinsäure, die antivirale und antibakterielle Eigenschaften vorweisen. Außerdem befinden sich im Öl Mineralien, Aminosäuren, Vitamin E und Lactone.

Es kann sowohl als Nahrungsergänzungsmittel als auch zur äußeren Behandlung genutzt werden:

· für glänzendes Fell
· bei schuppiger Haut, Pilzen, Ausschlägen und Wunden
· für ein starkes Immunsystem
· für starke Gelenke und Muskeln
· gegen Würmer und Darmparasiten

Lachsöl

Lachsöl enthält viele wichtige Omega-3-Fettsäuren und ist somit sehr gesund. Als Nahrungsergänzungsmittel hat es viele positive Auswirkungen für deinen Hund:

· glänzendes, weiches und dichtes Fell
· gegen Hautschuppen
· gut für das Gehirn
· bessere Heilung von Hautkrankheiten
· geringeres Risiko von Herz- und Kreislauferkrankungen
· fördert die Wundheilung
· entzündungshemmend

Schwarzkümmelöl

Dieses Öl enthält ätherische Öle, ungesättigte Fettsäuren, Proteine, Aminosäuren sowie viele Vitamine und Mineralstoffe. Es hat viele Anwendungsgebiete, wie z.B.:

· Allergien
· Epilepsie
· rheumatisch-arthritische Krankheiten
· Immunschwäche
· Haut- und Fellprobleme
· Flöhe, Mücken und andere Parasiten

3 gesunde Öle für deinen Hund

Kokosöl

°für Fell und Haut

Hanföl

°gegen Darmprobleme

Schwarzkümmelöl

°gegen Flohbefall oder Zecken

HUNDEO.COM

Nachtkerzenöl

Die Gemeine Nachtkerze hat eine sehr lange Tradition in der Naturheilkunde. Das liegt vor allen an den wertvollen Inhaltsstoffen wie Aminosäuren, Mineralien, Vitamin E und ungesättigte Fettsäuren. Rechtzeitig eingesetzt kann dieses Öl körperliche Beschwerden lindern. Dabei kann es innerlich sowie äußerlich angewendet werden.

Vor allem bei Hautproblemen ist es ein kleines Wundermittel:

· regeneriert Stoffwechsel der Haut
· beruhigt Hautirritationen
· lindert Juckreiz

Auch bei der inneren Anwendung ergeben sich viele Vorteile:

· reinigt Blut
· senkt zu hohen Blutdruck
· stärkt Nerven
· wirkt gegen Arteriosklerose
· mildert rheumatische Beschwerden
· fördert Fettstoffwechsel

Oder gleich mehrere Öle?
Du kannst auch die Vorteile verschiedener Öle nutzen, indem du alle abwechselnd verabreichst. Jedes hat seine eigenen Anwendungsgebiete, doch zusammen stärken sie die Gesundheit deines Lieblings enorm.

3.3. Diese Ergänzungsmittel machen Sinn

Wir möchten, dass es unseren Hunden rundum gut geht. In den letzten Kapiteln hast du schon erfahren, dass Vitaminpräparate und Öle gute Ergänzungen für die gesunde Ernährung deines Lieblings sein können. Doch auch natürliche Nahrungsergänzungsmittel wie Bachblüten, Bierhefe und Heilerde können sinnvoll sein. Sie haben positive Effekte für das Immunsystem, sorgen für ein schönes Fell und lindern die Symptome vieler Krankheiten.

Was ist Bierhefe?

Bierhefe besteht aus winzig kleinen Hefepilzen. Sie entsteht als Abfallprodukt bei der Bierherstellung. Nach der Fermentation wird sie herausgefiltert, sodass das Bier nicht getrübt wird und es länger haltbar ist. Schon früh wurde erkannt, wie gesund dieses Abfallprodukt ist. Deswegen wird es nicht entsorgt, sondern zu Flocken, Pulver oder Tabletten weiterverarbeitet. Unter anderem kann es als Nahrungsergänzungsmittel verwendet werden. Der Vorteil gegenüber anderen Ergänzungen ist, dass es sich um ein reines Naturprodukt handelt. Bierhefe enthält keine chemischen Zusätze, dafür aber umso mehr gesunde Inhaltsstoffe wie B-Vitamine, Aminosäuren, Mineralstoffe und Antioxidantien. Diese sind besonders wichtig für den Stoffwechsel und Zellaufbau unserer Hunde.

Wirkung und Anwendungsgebiete von Bierhefe
Bierhefe ist ein Allroundtalent. Da sie so viele wertvolle Inhalts-

stoffe enthält, ist sie eine ideale Ergänzung zum Hundefutter. Sie wirkt gleichzeitig vorbeugend und gleicht Mängel aus. Die Wirkung entfaltet sich jedoch nur, wenn du sie auch regelmäßig verfütterst. Besonders bei folgenden Problemen ist die Gabe von Bierhefe sinnvoll.

Für Fell und Haut: Trockenes und schuppiges Fell wird schon wenige Tage nach der ersten Einnahme weicher und glänzender. Aber auch bei schuppiger Haut, Flechten, Juckreiz und Ausschlägen kann Bierhefe helfen.

Zecken: Die lästigen Parasiten meiden den Hund, weil sie den Geruch der Hefe nicht mögen. Verirrt sich dennoch eine Zecke in das Fell des Hundes, beißt sie oft nicht gleich zu. Denke aber daran, dass auch Bierhefe keinen perfekten Schutz gegen Zecken darstellt.

Diabetes: Bierhefe enthält keinen Zucker und kann somit auch Hunden mit Diabetes gegeben werden. Sie regt die Insulinproduktion des Körpers an.

Magen- und Darmbeschwerden: Dank der Ballaststoffe hilft Bierhefe bei Verstopfung oder gereiztem Verdauungssystem. Besonders nach der Gabe von Antibiotika ist Bierhefe sinnvoll.

Leberprobleme: Bei Leberfunktionsstörungen hilft die Bierhefe, den Heilungsprozess anzuregen. Außerdem unterstützt sie die Leber bei der Filterfunktion.

Kleine Wunden: Bei trockenen Stellen oder kleineren Wunden kannst du Bierhefe zur äußeren Anwendung einsetzen. Mische sie mit etwas Wasser und trage es auf die verwundete Stelle auf.

Aber auch bei keinerlei Beschwerden ist Bierhefe ein gutes Ergänzungsmittel, da es viele gesunde Stoffe enthält.

Die richtige Dosierung
Du kannst deinem Hund sowohl Bierhefetabletten, -flocken als auch –pulver geben. Es gibt sie in Supermärkten, Drogerien, Apotheken, Zoofachgeschäften und im Internet. Die Dosierung hängt vom Gewicht ab:

- 5 bis 10 kg: ab 1 g pro Tag
- 11 bis 20 kg: ab 1,5 g pro Tag
- 21 bis 40 kg: ab 2 g pro Tag
- ab 41 kg: ab 3 g pro Tag

Am ersten Tag solltest du weniger Tabletten oder Pulver verabreichen. Die Dosis kann in den nächsten Tagen gesteigert werden.

Beachte, dass es nach der Anwendung von Bierhefe in seltenen Fällen zu Blähungen und Durchfall kommen kann. Leidet dein Hund an einer Nierenkrankheit, ist von der Gabe abzuraten. Wenn du auf die Dosierungsempfehlungen des Herstellers achtest, sollte es keine weiteren Schwierigkeiten geben.

3 Ergänzungs-mittel
für deinen Hund

 **Bierhefe:** bei Haut- und Fellprobleme...

 **Kohle-tabletten:** bei Vergiftungen, Durchfall...

 **Heilerde:** Sodbrennen, Durchfall, Hautprobleme...

HUNDEO.COM

Was ist Heilerde?

Heilerde besteht zu großen Teilen aus Löß-, Lehm-, Ton- oder Moorerde. Sie wird gereinigt, getrocknet, zerrieben und anschließend durch Hitze keimfrei gemacht. Je nach Abbaugebiet enthält es verschiedene wertvolle Mineralien und Spurenelemente. Dabei handelt es sich überwiegend um Calcium, Eisen, Magnesium, Natrium, Zink und Kupfer. Diese Stoffe haben einen positiven Effekt auf die Gesundheit deines Hundes. Gesunde Tiere benötigen in der Regel keine Futterzusätze dieser Art. Ist dein Hund jedoch krank, kann Heilerde unterstützend wirken. Sie sollten nur bei akuten Beschwerden oder als Kur und nicht länger als 6 Wochen angewendet werden. Bei der inneren Anwendung entzieht Heilerde dem Körper schädliche Stoffe und entgiftet somit. Bei der äußeren Anwendung wirkt sie schmerzstillend, juckreizhemmend und entzündungshemmend.

Anwendungsgebiete von Heilerde

Arthrose, Gelenk- und Muskelerkrankungen: Auch wenn Arthrose nicht heilbar ist, können immerhin die damit verbundenen Schmerzen durch kalte Umschläge mit Heilerde gelindert werden. Rühre dafür einfach Heilerde und Wasser zu einer breiigen Paste und trage sie auf die betroffenen Gelenke auf. Alternativ können auch Baumwolltücher als Wickel verwendet werden. Auf diese Weise lassen sich auch Prellungen, Quetschungen und rheumatische Beschwerden behandeln.

Durchfall: Bei dieser Erkrankung kommt der Mineralienhaushalt des Körpers schnell durcheinander. Heilerde gleicht das aus und bindet gleichzeitig überflüssiges Wasser. Der Stuhl des Hundes wird dadurch bald wieder normal sein.

Gereizter Darm: Ein Reizdarm kann mithilfe einer mehrwöchigen Heilerde-Kur behandelt werden. Auch nach einer Antibiotika-Gabe ist die Anwendung zu empfehlen.

Giardien-Befall: Diese Erreger kommen oft bei jungen Hunden und bei geschwächtem Immunsystem vor und führen zu Durchfall. Heilerde hilft bei der Bekämpfung der Parasiten.

Hautprobleme: Hautausschläge sind oft die Folge einer Allergie. Unabhängig von der Ursache ist eine Behandlung mit Heilerde zu empfehlen. Sie kühlt, lindert Juckreiz und fördert die Heilung der Entzündung.

Flohbefall: Durch ihre Saugfähigkeit hat Heilerde eine austrocknende Wirkung auf Flöhe. Du kannst sie in Puderform an schwer zugängliche Stellen deiner Wohnung verteilen. Aufgrund der trocknenden Wirkung ist es jedoch nicht zu empfehlen, Heilerde als loses Puder auf der Haut deines Hundes anzuwenden.

Die richtige Dosierung

Anfangs solltest du nur eine kleine Menge testen, um zu überprüfen, wie dein Hund darauf reagiert. Danach gilt für die Einnahme von Pulver, Kapseln oder Tabletten folgende Faustregel:

- **kleine Hunde:** 0,5 – 1 Teelöffel
  1 – 2 Kapseln oder Tabletten

- **mittlere Hunde:** 1 Teelöffel
  2 Kapseln oder Tabletten

- **große Hunde:** 1 – 1,5 Teelöffel
  3 Kapseln oder Tabletten

- **sehr große Hunde:** 1 Esslöffel
  3 – 4 Kapseln oder Tabletten

Auf Nassfutter und Barfkost kann Heilerde einfach aufgestreut werden. Bei Trockenfutter hat es sich bewährt, die Erde mit Wasser zu mischen und vom Trockenfutter aufsaugen zu lassen. Tabletten und Kapseln lassen sich gut in Leberwurst- oder Käsehäppchen verstecken.

Heilerde sollte nicht angewendet werden, wenn dein Hund Medikamente einnehmen muss. Es ist möglich, dass die Nieren geschädigt werden oder es zu Verstopfung kommt. Behalte deinen Hund also während der Behandlung mit Heilerde im Auge. Auch sollte Heilerde in Pulverform nicht direkt auf die Haut kommen, da diese dann austrocknen kann.

Was sind Bachblüten?

Bachblüten sind unterschiedliche Pflanzen, die sehr stark verdünnt und daraufhin miteinander vermischt werden. Sie können bei verschiedenen Beschwerden angewendet werden. Bachblüten werden hauptsächlich bei Verhaltensauffälligkeiten verwendet. Sowohl Krankheiten als auch psychisches Leiden können zu diesen Verhaltensweisen führen. Beispiele dafür sind Bellen, Jaulen oder Aggression. Sie können gleichermaßen auf Schmerzen und auf Einsamkeit deuten. Bachblüten wirken entspannend und beruhigend. Dadurch reagiert dein Hund gelassener auf aufregende Ereignisse.

Anwendungsgebiete von Bachblüten

Häufiges Bellen: Bellen ist ein normales Verhalten von Hunden und sollte nicht verboten werden. Wenn dein Hund jedoch ständig bellt, ist das sowohl anstrengend für dich als auch für ihn. Durch Bachblüten der Stechpalme, des Springkrauts und der Weinreben wird er ruhiger und bellt seltener.

Angst: Ängste sind oft der Grund dafür, weshalb dein Hund Verhaltensauffälligkeiten zeigt. Auch hier sorgt eine Bachblütenmischung mit Aspen, Springkraut oder Rock Rose dafür, dass dein Hund gelassener wird. Vor allem an Silvester oder bei Gewitter wird es ihm helfen.

Aggressivität: Um aggressives Verhalten gegenüber Menschen und anderen Hunden zu reduzieren, können Rotbuche und Stechpalme verwendet werden.

Hyperaktivität: Übertriebener Enthusiasmus kann dann zu einem Problem werden, wenn dein Hund nicht mehr zur Ruhe kommt. Durch Springkraut, Eisenkraut und Eiche kann der erhöhte Drang nach Aktivität gezügelt werden.

Nebenwirkungen von Epilepsie: Bachblüten können diese Erkrankung zwar nicht heilen, aber die Anfälle und Nebenwirkungen lindern. Neben der konventionellen Behandlung kann ergänzend eine Bachblütenmischung gegeben werden. Hierfür eignen sich besonders weiße Waldrebe, Herbstenzian, Stechpalme und Rosskastanie.

Notfälle: Die sogenannte Rescue Remdey Auswahl kann zum Beispiel nach einem traumatischen Ereignis gegeben werden, bis die Praxis des Tierarztes erreicht wird. Zu Notfällen können akute Schockzustände oder psychische Leiden nach einer Verletzung zählen. In der Mischung befinden sich Kirschpflaumen, weiße Waldreben, Sonnenröschen, Milchstern und Springkraut.

Die richtige Verabreichung

Bachblüten in Tropfenform kannst du einfach ins Trinkwasser oder auf das Futter geben. Globuli kannst du unter das Futter mischen oder direkt in das Maul deines Hundes legen. Die Mischung sollte nach Möglichkeit nicht mit einem Napf aus Metall in Berührung kommen, da das die Wirkung negativ beeinflussen könnte. Alternativ können Materialien wie Porzellan oder Glas verwendet werden.

Die Höhe der Dosierung kann je nach Beschwerden und Körpergewicht variieren. Als grundsätzlicher Richtwert gelten ca.

24 Tropfen bzw. Globuli über den Tag verteilt. Handelt es sich um eine Langzeitbehandlung, ist die Tagesdosis geringer.
Die Verbesserung der Beschwerden setzt in der Regel erst nach 14 Tagen konstanter Verabreichung ein. Um die volle Wirkung von Bachblüten zu erreichen, wird eine Therapie von drei Monaten empfohlen.

Insgesamt sind Bachblütenmischungen ein sehr gut verträgliches Heilmittel. Sie können bei körperlichen als auch bei seelischen Leiden verwendet werden.

4 Checkliste für deine Hundeapotheke

Checkliste für deine Hundeapotheke

Unsere Hunde sind nicht einfach nur Haustiere für uns, sie sind feste Familienmitglieder. Daher ist es uns besonders wichtig, dass wir sie optimal versorgen. Neben Hundefutter, Schlafplatz und co. ist auch eine vollständige Hundeapotheke wichtig. Sie macht sowohl für ungefährliche Situationen wie Schnittverletzungen als auch für die Erstbehandlung bei Notfällen Sinn. Beachte aber, dass sie auf keinen Fall den Besuch eines Tierarztes ersetzt. Besonders bei lebensbedrohlichen Situationen wie Vergiftungen oder Verbrennungen sollte die Hundeapotheke nur vorübergehend genutzt werden, bis ihr den Tierarzt erreicht.

6
Dinge,
die in keiner
Hunde
Apotheke
fehlen
sollten

1. **Maulkorb**
hält von
Beißen und
Kauen ab

2. **Mullbinden/**
Haftbandagen
bei Wundverletzen

3. **Desinfektions-**
mittel
Für Gegenstände

4. **Einweg**
spritze
Ideal für kontrollierte
Fütterung

5. **Babysocken**
Für verletzte oder
empfindiche Pfoten.

6. **Fieberthermo-**
meter
Um Temperatur zu
messen

geeignet speziell für Situationen,
wo es für deinen Hund nicht
lebensbedrohlich ist

136

1.   Maulkorb

Ein Maulkorb ist besonders in Schocksituationen notwendig. Nach Unfällen reagieren Hunde genau wie Menschen mit Flucht, Angst oder Aggressivität. Durch einen Maulkorb kannst du sichergehen, dass dein Hund nicht zuschnappt.

2.   Hilfsmittel zum Verbinden

Vor allem für Wundverletzungen benötigst du Verbandszeug. Dazu zählen Mullbinden, Mulltupfer, Verbände, Haftbinden, Pflaster und Verbandschere.

3.   Desinfektionsmittel

Achte darauf, dass es sich um ein Desinfektionsmittel speziell für Hunde handelt. Verschiedene Tierfachmärkte bieten hier eine große Auswahl.

4.   Einwegspritzen

Mithilfe von Einwegspritzen kann zum Beispiel flüssige Medizin problemlos in den Mund eingeführt werden. Auch das Auftragen von Desinfektionsmittel wird dadurch leichter.

5.   Kinder- oder Babysocken

Kleine Socken eignen sich besonders gut für Pfoten-Verletzungen. So kannst du die Wunde besser versorgen und es tut deinem Liebling weniger weh.

6.   Fieberthermometer

Ein digitales Fieberthermometer ist für die Anwendung bei Hunden praktischer. Damit kannst du die Temperatur schneller und bequemer messen.

Checkliste zum Abhaken

Gegenstand	Check?	Bemerkungen
Aktivkohle		bei Vergiftungen
Desinfektionsmittel		aus dem Tierfachmarkt
Einweghandschuhe		
Einwegspritze		
Entwurmungstabletten		nach Verordnung vom Tierarzt
Fieberthermometer		
Flohmittel		
Insektenschutz		
Kinder- oder Baby-söcken		
Maulkorb		
Mullbinden		
Mulltupfer		
Ohrreinigungsmittel		speziell für Hunde
Haftbandage		
Pinzette		für Glasscherben
Telefonnummer vom Tiearzt		
Telefonnummer vom tierärztlichen Notdienst		
Vaseline		für leichteres Einführen
Verbandschere		
Verbandswatte		
Wundsalbe		speziell für Hunde
Zeckenzange		

Arzneimittel in der Hundeapotheke?

In der Regel ist es empfehlenswert, auch Arzneimittel in der Hundeapotheke aufzubewahren. Du kannst zum Beispiel leichte Beruhigungsmittel, eine Salbe gegen Schwellungen und Insektenstiche oder ein kühlendes Gel für Verstauchungen für den Notfall bereithalten. Dennoch solltest du vorab mit deinem Tierarzt darüber sprechen.

Das Notfall-Set für unterwegs

Unfälle können nicht nur zuhause passieren. Aus diesem Grund empfehlen wir dir, ein Notfall-Set für unterwegs anzulegen. Damit hast du die wichtigsten Utensilien auch bei Spaziergängen oder auf Reisen griffbereit.

5 Die häufigsten Gesundheitsprobleme

5.1. Fieber

Fieber ist eine Begleiterscheinung vieler Krankheiten, die nicht unterschätzt werden sollte. Schon eine Körpertemperatur von über 40°C kann für deinen Hund lebensgefährlich werden. Deshalb solltest du im Notfall immer einen Tierarzt aufsuchen. Damit es erst gar nicht so weit kommt, erfährst du hier, wie du deinem Liebling schon vorher helfen kannst.

Wie entsteht Fieber?
Im Grunde ist eine erhöhte Körpertemperatur nur ein Abwehrmechanismus des Immunsystems und nichts Schlechtes. Wehrt sich der Körper zum Beispiel gegen Erreger während einer Entzündung, erhitzt er sich. Erhöht sich die Körpertemperatur aber noch mehr, kann das lebensbedrohlich werden. Die hohen Temperaturen belasten die Organe und den Kreislauf. Ab ca. 40°C werden die körpereigenen Eiweiße zerstört. Das hat schwerwiegende Folgen.

So erkennst du Fieber bei deinem Hund
Die erhöhte Körpertemperatur bemerkst du oftmals schon durch einfachen Körperkontakt. Es gibt jedoch noch viele weitere Anzeichen, an denen du Fieber erkennen kannst:

- trockene Nase
- starkes Hecheln
- trinkt mehr
- erhöhter Puls
- Schüttelfrost
- Antriebslosigkeit
- trockener, fester Kot
- verweigert Nahrungsaufnahme

Besonders wichtig: Körpertemperatur messen

Du kannst die Körpertemperatur deines Hundes ganz einfach mit einem handelsüblichen Fieberthermometer messen. Am besten geeignet sind hierbei elektrische. Leider funktioniert bei Hunden die Fiebermessung über das Ohr nicht. Eine zuverlässigere Methode ist die Messung im After. Auch wenn das für deinen Hund ein wenig unangenehm ist, ist es die einzige Möglichkeit für eine präzise Diagnose. Für die Messung sollte er möglichst auf der Seite liegen und entspannt sein. Du kannst das Thermometer vorher mit etwas Vaseline einreiben. Dann hebst du den Schwanz hoch und führst das Thermometer ca. 2 cm in seinen After ein. Wenn die Messung fertig ist, entfernst du es wieder vorsichtig. Damit das im Notfall schneller geht, solltest du schon im Welpenalter mit dem Üben beginnen.

Eine gesunde Körpertemperatur liegt bei Hunden zwischen 37,5°C und 39°C. Bei Welpen kann sie auch gering höher, bei älteren Hunden etwas niedriger sein. Außerdem ist die Temperatur abhängig von der Anstrengung und Bewegung deines Hundes. Nach dem Toben kann sie ohne Bedenken auch mal bei über 39 °C liegen. Ab 39 °C spricht man von geringgradig erhöhte Körpertemperatur, ab 40 °C von mittelgradig erhöhte Körpertemperatur. Wenn der Zustand ab 42 °C länger anhält, kann das lebensbedrohlich für deinen Hund sein. Bei einer Körpertemperatur ab 43 °C können Kreislauf und verschiedene Organe versagen. Damit es erst gar nicht so weit kommt, solltest du deinen Hund schon bei einer Temperatur von 40°C zu einem Tierarzt oder in eine Tierklinik bringen.

Fieber
beim Hund

📌 bei einer Temperatur von über 40 °C sofort zu einem Tierarzt

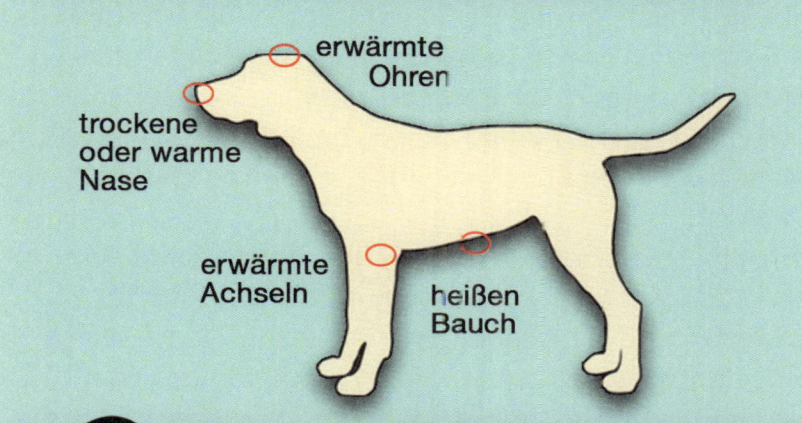

erwärmte Ohren

trockene oder warme Nase

erwärmte Achseln

heißen Bauch

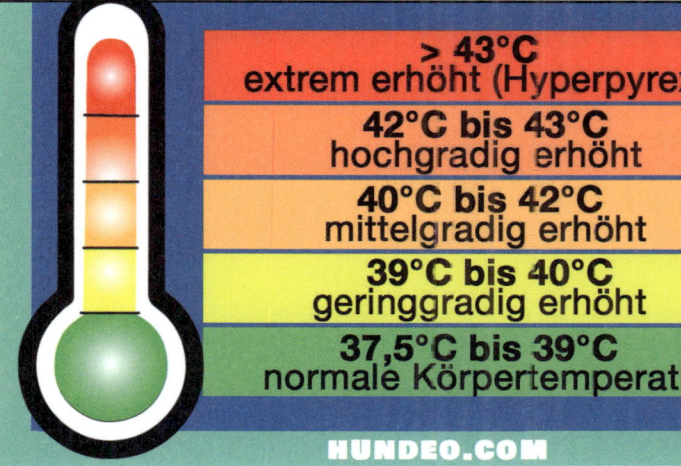

> 43°C extrem erhöht (Hyperpyrexie)	
42°C bis 43°C hochgradig erhöht	
40°C bis 42°C mittelgradig erhöht	
39°C bis 40°C geringgradig erhöht	
37,5°C bis 39°C normale Körpertemperatur	

Tipps zu Senkung des Fiebers

Wenn es sich nur um leichtes Fieber handelt, kannst du versuchen, es selbst zu senken. Dafür sollte sich dein Hund als erstes eine kleine Auszeit vom Toben und Spielen nehmen. Ruhe hilft ihm im Moment am meisten.

Falls er es nicht schon von alleine tut, solltest du deinen Liebling zum Trinken anregen. Dadurch kann er den Flüssigkeitsverlust ausgleichen und senkt gleichzeitig die Temperatur.
Mithilfe von kalten Kompressen oder feuchten Handtüchern kannst du versuchen, den Körper von außen abzukühlen. Lege sie einfach auf den Bauch, die Pfoten oder den Nacken.

Wenn die Körpertemperatur weiter steigt, solltest du einen Tierarzt um Rat fragen. Auch wenn du dir unsicher bist, aus welchem Grund das Fieber auftritt, ist ein Tierarztbesuch unbedingt notwendig. Der Spezialist kann deinem Hund fiebersenkende Wirkstoffe verabreichen und die Ursache für die ungewöhnlich hohe Körpertemperatur herausfinden.

Denke daran, dass bei Fieber schon wenige Grad Celsius einen großen Unterschied machen. Achte deswegen ständig auf Anzeichen von Fieber und bringe deinen Liebling sicherheitshalber schon bei einer erhöhten Temperatur zum Tierarzt.

5.2. Durchfall

Genau wie Menschen können auch Hunde an Durchfall leiden. In der Regel kann diese Problematik auf eine Fehlfunktion des Magens oder Darms zurückgeführt werden. Selten sind auch schwerwiegendere Krankheiten die Ursache. Woran es bei deinem Hund liegen könnte und wie du ihm helfen kannst, erfährst du in diesem Kapitel.

Man spricht von Durchfall, wenn der Stuhlgang mehr als dreimal am Tag stattfindet und sich durch wässrige oder breiige Ausscheidungen kennzeichnet. Oftmals kommt es zusätzlich zu Begleiterscheinungen wie:

·   krampfartige Bauchschmerzen
·   Blähungen
·   Übelkeit, Erbrechen
·   Appetitlosigkeit
·   Abgeschlagenheit
·   erhöhte Temperatur
·   veränderte Urinfarbe
·   Dehydrierung

Akuter Durchfall hält in der Regel ein bis zwei Tage an. Er kann durch Stress oder falsche Nahrungsaufnahme ausgelöst werden und bereitet normalerweise keinen Grund zu Sorge. Problematischer ist es, wenn er länger als drei Tage andauert. Hält er jedoch länger als 14 Tage an, dann spricht man von chronischem Durchfall, aber so lang sollte in keinem Fall gewartet werden.

Mögliche Ursachen von Durchfall:

- Verdorbene Nahrung
- Falsche Ernährung
- Umstellung der Ernährung
- Allergien
- Vergiftung
- Medikamente
- Magen-Darm-Erkrankungen
- psychische Auslöser wie Stress oder Angst
- virale Infekte
- Autoimmunerkrankungen
- Nieren- oder Lebererkrankungen
- hormonelle Störungen

Liegt es am Hundefutter?

Einer der häufigsten Gründe für Durchfall ist die Ernährung. Deswegen solltest du als erstes prüfen, ob es am Hundefutter liegen könnte. Ist das tatsächlich der Grund, ist der Besuch beim Tierarzt nicht mehr nötig. Oft enthalten günstige Futterprodukte Inhaltsstoffe, die zu Durchfall führen können. Sie bestehen entweder aus zu vielen Kohlenhydraten oder beinhalten bestimmte Eiweiße, die der Hundeorganismus nicht vollständig spalten kann. Hast du die Vermutung, dass das Hundefutter der Auslöser für die Beschwerden deines Lieblings sind, solltest du es mit einem anderen, hochwertigerem probieren. Vermutlich beruhigt sich der Verdauungstrakt deines Hundes dadurch wieder von ganz alleine.

Wann sollte ich zum Tierarzt?

Bei bestimmten Symptomen ist der Gang zum Tierarzt zu empfehlen. Der Spezialist kann herausfinden, was die Ursache ist
und diese behandeln. Außerdem kann er deinem Hund wichtige Mineralien und Nährstoffe zu Verfügung stellen, die ihm
durch die Entwässerung entzogen wurden.

Trifft mindestens eines der folgenden Symptome zu, solltest du
einen Tierarzt aufsuchen:

- Durchfall hält länger als drei Tage an
- blutiger Durchfall oder Urin
- Bauchschmerzen
  (kannst du an verkrampfter Haltung oder
  Jaulen erkennen)
- unruhiges Verhalten
- Fieber über 40°C
- Erbrechen
- Nahrungsverweigerung
- Symptome einer Vergiftung
  (siehe Kapitel 5. 10 Vergiftung)

3 Tipps bei akutem Durchfall

Besteht der Durchfall erst seit kurzer Zeit, kannst du versuchen, ihn selbst zu behandeln.

1. Sorge dafür, dass dein Hund genügend Flüssigkeit zu sich nimmt.
2. Gebe ihm für ca. 24 Stunden weniger zu fressen. Dadurch kommt der Magen-Darm-Trakt wieder zur Ruhe.
3. Nach der Fastenzeit kannst du deinem Hund Schonkost verabreichen. Das bereitet den Magen auf eine normale Ernährung vor und schont den Darm. Informationen zur Schonkost findest du in Kapitel 2.12. Wenn dein Liebling einmal Schonkost braucht.

Beobachte deinen Hund während dieser Magenverstimmung intensiv. So kannst du im Notfall schnell reagieren und einen Tierarzt aufsuchen. Mache dir trotzdem nicht zu viele Sorgen. Meistens hilft eine Schonkost schon aus, um deinem Hund zu helfen.

Durchfall
beim Hund

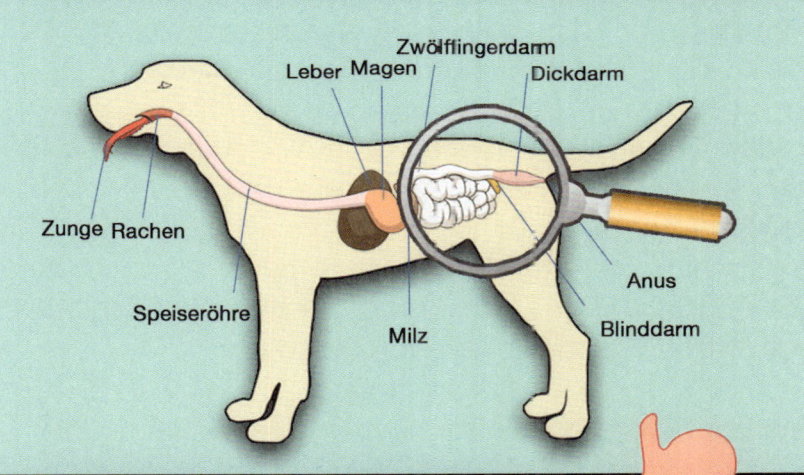

Zwölflingerdarm

Leber Magen

Dickdarm

Zunge Rachen

Speiseröhre

Milz

Anus

Blinddarm

5 hilfreiche Tipps

1. Genügend Flüssigkeit
2. Fastenzeit
3. Schonkost nach Fastenzeit
4. Richtige Lebensmittel für Schonkost
5. Hilfreiche Präparate (z.B. Kohletabletten)

HUNDEO.COM

5.3. Blähungen

Dein Hund hat ab und zu Blähungen? Abgesehen davon, dass es für uns Hundebesitzer oft unangenehm riecht, ist das ganz normal. Erst wenn zusätzlich Begleiterscheinungen auftreten oder sie zu häufig sind, solltest du deinen Hund genauer beobachten. Hier kannst du nachlesen, was die Ursachen für Blähungen sein können und wie du sie vorbeugen kannst.

Als Blähung wird die verstärkte Entwicklung von Gasen im Magen- und Darmbereich bezeichnet, die zum Pupsen oder Rülpsen führen kann. Dabei handelt es sich meistens um Gase aus verschluckter Luft oder um ein Nebenprodukt des Verdauungs-Vorgangs. Den üblen Geruch verursachen dabei entstehende Methan- und Schwefelverbindungen.

In einigen Fällen haben Blähungen Begleiterscheinungen:

- laute Darm- und Magengeräusche
- aufgeblähter Bauch
- dauerhaftes Pupsen
- extrem unangenehmer Geruch
- Katzenbuckel
- Durchfall, veränderte Kotfarbe
- Erbrechen
- Appetitlosigkeit
- Gewichtsabnahme

Sollte dein Hund eines oder mehrere der oben aufgeführten Begleiterscheinungen zeigen, solltest du dringend mit deinem

Tierarzt Kontakt aufnehmen.

Mögliche Ursachen von Blähungen

- Futterumstellung
- Getreide oder Gluten im Futter
- Futtermittelallergie
- Unverträglichkeit gegen Laktose
- Schlucken von Luft
- Stress, Aufregung
- Essen von Kot oder Aas
- Krankheiten im Magen-Darmbereich
- Giardien-Infektion
- Darmparasiten oder Würmer

1. Futter

Eine plötzliche Nahrungsumstellung kann dazu führen, dass dein Hund Blähungen bekommt. Das liegt daran, dass er das neue Futter nicht sofort verträgt. Du solltest zwei Wochen lang das neue Futter dem alten beimischen. So kann sich dein Hund nach und nach daran gewöhnen. Verringern sich die Blähungen nicht, könntest du wieder zur alten Marke zurückgreifen.

Auch ein zu hoher Getreideanteil im Futter kann Blähungen verursachen, da es den Gärprozess im Darm fördert. Einige Hunde vertragen zudem kein Gluten. Dann solltest du beim Kauf darauf achten, dass das Hundefutter getreidefrei ist.
Um eine Lebensmittelunverträglichkeit oder –allergie auszuschließen, solltest du das jeweilige Lebensmittel für zwei Wochen aus dem Futterplan streichen. Verbessern sich in der Zeit

die Symptome, sollte dein Hund nun dauerhaft darauf verzichten. Mögliche unverträgliche Lebensmittel können neben Gluten auch Milchprodukte, bestimmtes Fleisch, Ei, Soja oder Zusatzstoffe sein.

2. Schlucken von Luft

Einige Hunde fressen zu schnell und hastig, wodurch sie Luft verschlucken. Deswegen solltest du darauf achten, dass dein Hund sein Fressen in Ruhe verzehren kann und nicht abgelenkt ist. Besonders Hunde mit kurzer Schnauze wie Bulldoggen und Boxer schlucken häufig Luft. Bei ihnen solltest du noch gründlicher darauf achten, dass sie langsam fressen. Ein Anti Schlingnapf kann dabei helfen.

3. Stress und Aufregung

Autofahrten, Tierarztbesuche und fremde Umgebungen können unseren Hunden auf den Magen schlagen. Beobachte am besten, in welchen Situationen dein Hund öfter pupst als sonst. Unter solchen Umständen kannst du deinen Hund dann streicheln und ihm gut zureden.

4. Krankheiten im Magen- und Darmbereich

Nicht immer sind Blähungen harmlos und mit Hausmitteln zu heilen. Es können auch Krankheiten dahinter stecken, die schlimme Folgen haben können. Zeigt dein Hund Anzeichen von Schmerzen, solltest du sofort zu einem Tierarzt gehen. Du erkennst das daran, dass er seinen Rücken krümmt, einen Katzenbuckel macht und winselt oder jault. Auch andere Symptome wie starker Durchfall können auf eine schwerwiegende Krankheit hindeuten.

Blähungen
beim Hund

- verstärkte Entwicklung von Gasen im Magen- und Darmbereich
- kann zu schmerzhaften Bauchkrämpfen kommen

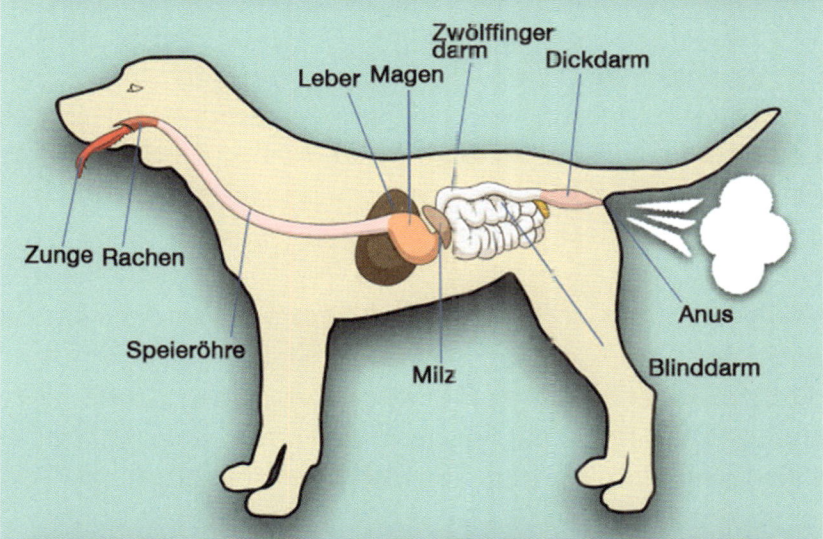

5 Mögliche Ursachen

1. Futterumstellung
2. Essen von Kot oder Aas
3. Krankheiten im Magen-Darmbereich
4. Giardien-Infektion
5. Darmparasiten oder Würmer, Wurmkur

Begleiterscheinungen

- Laute Darm- und Magengeräusche
- Dauerhaftes und häufiges Pupsen
- Dein Hund macht einen Katzenbuckel -> er hat Schmerzen!
- Erbrechen

5. Giardien-Infektion

Giardien sind Parasiten im Verdauungssystem. Sie verursachen Entzündungen und langwierigen Durchfall. Sollte eine Infektion vorliegen, ist der Kot meist schleimig, fettig, breiig oder wässrig. Erbrechen, Gewichtsverlust und Appetitlosigkeit sind weitere Symptome. In der Regel ist ein Giardien-Befall harmlos. Trotzdem solltest du bei Verdacht Kontakt mit deinem Tierarzt aufnehmen.

Hausmittel können helfen

Die folgenden Mittel können Blähungen vermindern, sind aber kein Ersatz für eine Behandlung durch einen Tierarzt. Ausprobieren schadet jedoch nicht, da diese Hausmittel natürlich sind und keine bis wenige Nebenwirkungen haben.

1. Heilerde: Kann in Pulverform online oder in der Apotheke gekauft werden

2. Fenchel oder Kümmel: Die enthaltenen Wirkstoffe lindern Blähungen, Krämpfe und fördern die Verdauung. Mische entweder gemahlenen Fenchel oder Kümmel unter das Futter oder verabreiche Tee.

3. Orangensaft: Mische einen Teelöffel frisch gepressten Orangensaft in das Futter, um die Darmfunktion zu regulieren.

4. Schonkost: Mehr Informationen zur Schonkost findest du in Kapitel 2.12.

Blähungen vorbeugen

Ein aktives Leben unterstützt die Darmfunktionen deines Hundes. Außerdem kannst du deinem Hund häufiger kleinere Mahlzeiten geben, die er in Ruhe zu sich nimmt. Vorher solltest du feststellen, ob das Futter gut verdaulich ist. Dafür kannst du das Etikett durchstudieren. Durch diese kleinen Tipps werden Blähungen in Zukunft hoffentlich seltener. Und sollte dein Hund trotzdem ab und zu mal pupsen, ist das kein Problem. Mit dem Geruch müssen wir Hundebesitzer uns eben abfinden.

5.4. Erbrechen

Von Zeit zu Zeit erbrechen alle Hunde mal. Das ist ganz normal. Du kennst es bestimmt auch: Dein Hund knabbert am Gras und erbricht einige Zeit später? Das macht er, um seine Darmtätigkeit zu regulieren. Es ist daher kein Grund zur Beunruhigung, sondern sogar gesund. Übergibt sich dein Hund jedoch sehr häufig oder sieht das Erbrochene ungewöhnlich aus, solltest du einen Tierarzt aufsuchen. Hier erfährst du einige Tipps, wie du deinem Hund schon vorher helfen kannst.

Gründe für Erbrechen
Man kann Erbrechen in eine akute und eine chronische Form unterteilen. Beim akuten Erbrechen wirft dein Hund spontan Mageninhalt aus. Verläuft diese Aktion regelmäßig und länger als zwei Wochen, spricht man vom chronischen Erbrechen. Dies bessert sich in der Regel nicht ohne medizinische Hilfe.

Akutes Erbrechen kann ausgelöst werden durch:

- verdorbenes Futter
- Futterunverträglichkeiten
- Herunterschlingen der Nahrung
- rasche Futterumstellung
- Verschlucken eines Fremdkörpers
- Infektionen
- Vergiftungen
- Hitze
- Reisekrankheit
- Psychische Faktoren wie Stress, Vernachlässigung, Trauer
- Übersäuerung des Magens
- Medikamente

Chronisches Erbrechen kann durch folgende Krankheiten verursacht werden:

- Magengeschwür
- Magenschleimhautentzündung
- Dickdarmentzündung
- Parasiten
- Herzerkrankungen
- Staupe
- Diabetes mellitus
- Lebererkrankungen
- Entzündung der Bauchspeicheldrüse
- Nierenerkrankungen
- Nebennniereninsuffizienz

Das Erbrochene selbst kann dir Hinweise auf die Ursache geben.

Weißer Schaum oder Schleim deutet auf eine Übersäuerung des Magens hin. Kommt diese Art des Erbrechens häufiger vor, kann es sich um eine Erkrankung des Magens handeln.

Gelber Schaum oder Schleim deutet auf Teile der Galle im Magensaft hin. Grund dafür ist ein Zurückfließen des Inhaltes vom Dünndarm in den Magen.

Erbricht dein Hund Wasser, kann eine Magen-Darm-Entzündung dafür verantwortlich sein.

Wenn er häufig das Futter erbricht, kann es sich um eine Futtermittelunverträglichkeit, eine Magenreizung oder einen Darmverschluss handeln.

Befindet sich Blut im Erbrochenen, ist womöglich ein Blutgefäß verletzt oder ein Magengeschwür aufgeplatzt. Eine Verletzung durch einen Fremdkörper, eine Entzündung der Speiseröhre oder eine Erkrankung sind mögliche Auslöser. Ebenso sollte eine Vergiftung in Betracht gezogen werden.

Wann wird es gefährlich?

Es gibt zwei Situationen, bei denen das Erbrechen deinem Hund ernsthaft schaden kann:

1. Zu wenig Flüssigkeit im Körper

Beim Erbrechen geht sehr viel Flüssigkeit verloren. Trinkt dein Hund in dieser Zeit zu wenig, besteht die Gefahr einer Dehydration. Dies ist vor allem gefährlich, wenn er zusätzlich an Durchfall leidet. Sind die Nieren nicht in der Lage den Wasserverlust auszugleichen, kann das für deinen Liebling gefährlich und sogar lebensbedrohlich werden.

Hausmittel
für Brechreiz beim Hund

Heilerde

Schonkost
(Reis, Möhren,
Hühnchen)

Kohletabletten
für Hunde
(Aktivkohle)

Kamillentee

Die Behandlung mit natürlichen Hausmitteln eignet sich ausschließlich bei einer leichten Störung des Magen-Darm-Traktes

2. Das Erbrochene einatmen

In seltenen Fällen kann beim Erbrechen Futter oder Flüssigkeit über die Luftröhre in die Lunge geraten. Das verursacht starken Husten und Atemnot.

Schonkost als Behandlung

Handelt es sich um eine harmlose Reaktion des Körpers, reicht eine kleine Diät oftmals schon aus. In den ersten 12 bis 24 Stunden solltest du deinem Hund kein Fressen mehr geben, sodass sich der gereizte Magen-Darm-Trakt beruhigen kann. Wichtig ist, dass dein Hund jederzeit Zugang zu frischem Wasser hat. Lässt der Brechreiz nach, kannst du deinem Liebling langsam wieder schonendes Futter verabreichen. Dabei sollte weitgehend auf Fett verzichtet werden. Zu empfehlen ist eine Kost aus Reis oder pürierten Kartoffeln mit Geflügelfleisch. Mehr zum Thema Schonkost erfährst du in Kapitel 2.12.
Ist nach dem Fasten keinerlei Besserung zu erkennen, solltest du einen Tierarzt aufsuchen.

Die Diagnose beim Tierarzt

Die Untersuchung richtet sich nach der Schwere und Dauer der Erkrankung. Als erstes wird der Tierarzt dich zu den Symptomen befragen. Anschließend misst er Fieber, tastet die Organe im Bauch ab und prüft die Schmerzreaktionen. Damit die Übelkeit und der Brechreiz nachlassen, erhält dein Hund eventuell lindernde Medikamente. Kot- oder Blutuntersuchungen können darüber hinaus Aufschluss über die Krankheit geben. Durch eine Magenspiegelung, Ultraschall oder Röntgen kann dem Verdacht einer Organerkrankung nachgegangen werden.

Was du tun kannst

Wie immer ist die Vorbeugung, das rechtzeitige Erkennen und bei Bedarf die richtige Behandlung ausschlaggebend.

- Beseitige alle Fremdkörper, die dein Hund verschlucken kann.
- Bringe ihm bei, dass er im Freien nichts ablecken, an knabbern oder fressen darf.
- Gib ihm keine Lebensmittel, die für Hunde unverträglich sind. Achte des Weiteren auf Allergien und spezielle Unverträglichkeiten deines Lieblings.
- Gehe bei Verdacht auf eine Vergiftung sofort zu einem Tierarzt.
- Bei einer leichten Störung des Magen-Darm-Trakts können Heilerde, Kohletabletten und Kamillentee helfen.
- Durch Schonkost beruhigt sich der Magen deines Hundes vermutlich schnell wieder.

Solange das Erbrechen nur selten passiert und es deinem Hund ansonsten gut geht, musst du dir keine Sorgen machen. Treten jedoch weitere Symptome auf, solltest du umgehend einen Tierarzt um Rat fragen.

5.5. Starkes Hecheln

Kaum etwas ist so typisch für Hunde wie das Hecheln. Besonders an warmen Sommertagen können wir das laute Atmen besonders häufig beobachten. Manchmal wirkt es jedoch fast schon bedrohlich. In einem normalen Maß gehört es zur Atmung der Hunde einfach dazu. Passiert es jedoch sehr häufig und ist es besonders stark, solltest du vorsichtig sein: Auch Angst und Schmerzen können zu Hecheln führen.

Welchen Vorteil bringt das Hecheln?
Hunde besitzen keine Schweißdrüsen. Durch das Hecheln bekommen sie frische Luft und kühlen sich von innen heraus. Durch diesen Mechanismus zirkuliert die Luft zwischen der Mundschleimhaut und der Luftröhre und lässt Flüssigkeit verdunsten. Dadurch sinkt die Körpertemperatur des Hundes.
Strengt sich dein Hund an oder ist großer Hitze ausgesetzt, steigt die Atemfrequenz bis zum Zehnfachen an. Das ist ein sehr effektiver Vorgang, da es die Körpertemperatur reguliert und deinem Liebling dabei nicht schadet. Denn anders als wir Menschen verkraften Hunde so viele Luftzüge pro Minute.

Angst und Schmerzen als Ursache
Hunde hecheln jedoch nicht nur wegen zu starker Hitze oder Anstrengung. Auch Angst, Schmerzen und Nervosität können die Auslöser sein. Das Hecheln an sich ist nicht gefährlich, jedoch solltest du den Grund dafür kennen. Tut dein Hund das ohne erkennbare Ursache, kann das ein Anzeichen von Schmerzen sein. Achte unbedingt auf die Körperhaltung und mögliche Begleiterscheinungen. Kommt es zu einem sehr starken Hech-

el-Anfall, solltest du in jedem Fall einen Tierarzt aufsuchen.

5.6. Zittern

Ob beim Weg zum Tierarzt oder wegen übergroßer Freude: Ab und zu zittern unsere Lieben. Beunruhigend wird es dann, wenn wir die Ursache des Zitterns nicht kennen. Es gibt viele verschiedene Gründe, die deinen Hund zum Zittern bringen können. Da auch eine schwerwiegende Krankheit dafür verantwortlich sein kann, solltest du genau auf ihn achten und bei Verdacht zum Tierarzt bringen.

1.   Muskelzittern nach Bewegung
Wenn dein Hund nach einem ausgedehnten Spaziergang oder viel Aktivität zur Ruhe kommt, kann es vorkommen, dass er zittert. Das ist kein Grund zur Sorge. Diese Bewegungen während der Ruhephase dienen der Muskelentspannung und dem Abbau von Stress.

2.   Intensive Träume
Während der Schlafphase können wir ab und zu beobachten, wie unsere Lieblinge sich bewegen und zucken. Grund dafür sind intensive Träume, in denen dein Hund die Erlebnisse des Tages verarbeitet.

3.   Kälte
Genau wie wir Menschen auch, zittern Hunde bei Kälte. Dies ist ein natürlicher Reflex des Körpers, der Wärme produziert. Kleine Hunde frieren deutlich schneller als ihre größeren Artgenossen. Sollte dein Hund sehr kälteanfällig sein, kannst du ihm zum Spazierengehen zum Beispiel einen Hundemantel umlegen.

4. Alter

Bei zunehmendem Alter neigen Hunde zu spontanen Muskel-zuckungen. Das ist in der Regel ein Anzeichen von Arthrose.

5. Angst

Das Zittern aus Angst lässt sich an typischen Körperhaltungen erkennen:

· geduckter Körper
· angelegte Ohren
· Schwanz zwischen den Beinen
· Knurren, Zähne fletschen

Angstreaktionen können bei deinem Hund durch eine unge-wohnte Situation, einen fremden Hund oder einen fremden Menschen ausgelöst werden. In diesen Fällen solltest du versu-chen, deinen Hund schnellstmöglich wieder in eine gewohnte und sichere Umgebung zu bringen.

6. Freude

Hunde zittern auch vor Freude. Begleitet wird dies von Schwanz-wedeln, Bellen oder sogar Hüpfen und Springen.

7. Schmerzen

Schmerzen können in jeder Form ein Zittern bei Hunden aus-lösen. Sollte dein Hund zusätzlich unter anderen Symptomen wie Durchfall, Erbrechen oder Apathie leiden, ist ein zeitnaher Besuch beim Tierarzt notwendig. Nur so kann die Ursache für das Zittern geklärt und gegebenenfalls behandelt werden.

8. Neurologische Krankheiten

Auch schwerwiegende Krankheiten wie Epilepsie oder Parkinson können zu Zittern führen. Ein epileptischer Anfall ist ein Krampf, bei denen die Hunde die Kontrolle über ihren Körper verlieren. Diese Erkrankung ist leider nicht heilbar. Die regelmäßige Einnahme von Medikamenten reduziert jedoch das Risiko für weitere Anfälle.

Die Parkinson-Krankheit ist ebenfalls eine Erkrankung der Nervenzellen. Sie führt zu Symptomen wie Zittern, steife Muskeln oder nicht kontrollierbare Bewegungen. Während die Krankheit bei Menschen eher im fortgeschrittenen Alter auftaucht, kann sie bei Hunden auch schon früher als Erbkrankheit auftreten.

Weitere neurologische Krankheiten, die Zittern auslösen können, sind Gehirnschläge, Schlaganfälle oder Schädel-Hirn-Trauma.

9. Magendrehung

Bei der Magendrehung verdreht sich der Magen des Hundes einmal um seine Längsachse. Sie kann sehr schnell tödlich enden, wenn sie unbehandelt bleibt. Mehr zum Thema Magendrehung kannst du in Kapitel 5.13. nachlesen.

10. Staupe

Diese Viruserkrankung ist zwar eher selten, dafür aber sehr gefährlich. Hunde können dagegen geimpft werden. Sie führt zu Krampfanfällen und schädigt das Nervensystem, die Atemwege und den Magen-Darm-Trakt. Zu den Begleiterscheinungen gehören Durchfall, Erbrechen, Atemnot, Fieber, Appetitlosigkeit, Nasenausfluss, Lähmungen, Husten sowie Verhornungen an Nase und Pfoten.

11. White-Dog-Shaker-Syndrom
Diese Erbkrankheit kommt, wie der Name bereits verrät, ausschließlich bei weißen Hunden vor. Bei dieser Krankheit zittert der Hund am ganzen Körper und verfällt zunehmend in Orientierungslosigkeit. Besonders markant sind schnelle Augenbewegungen. Durch die Einnahme von Medikamenten können die Symptome gelindert werden.

12. Vergiftung
Giftige Pflanzen oder Lebensmittel können bei Hunden Vergiftungserscheinungen wie Zittern hervorrufen. Was zu einer Vergiftung führen kann und wie du die Begleiterscheinungen erkennst, kannst du in Kapitel 5.10. nachlesen.

13. Nierenversagen
Ein Nierenversagen wird von Symptomen wie Erbrechen, Durchfall, Apathie sowie Zittern begleitet. Das Risiko hierfür wird mit zunehmendem Alter höher.

Sobald du das Gefühl hast, dass das Zittern deines Hundes nicht durch einfache Gründe wie Freude, Angst oder Kälte ausgelöst wird, solltest du einen Tierarzt um Rat fragen. Er kann die Ursache diagnostizieren und deinem Liebling helfen.

5.7. Humpeln

Im ersten Moment ist das oft ein Schreck: Plötzlich humpelt dein Hund, zieht sein Bein nach oder läuft steif. Als Hundebesitzer machen wir uns Gedanken darüber, was passiert sein könnte und wie wir unserem Liebling helfen können. Hier findest du Informationen darüber, wodurch Humpeln verursacht werden kann und welche Sofortmaßnahmen du durchführen kannst.

Hinweise auf Humpeln

Spätestens wenn Hunde ihr Bein nachziehen, merken wir, dass irgendetwas nicht stimmt. Oftmals zeigen uns unsere Hunde jedoch schon mit kleinen Verhaltensänderungen, dass ihnen die Pfote weh tut. Wenn mindestens eins der hier genannten Symptome bei deinem Hund zutrifft, könnte das auf Verletzungen oder andere Beschwerden hindeuten:

- läuft steif
- das Aufstehen fällt schwer
- bleibt vor Treppen stehen
- springt kaum noch
- Probleme, mit einer Pfote aufzutreten
- Muskelkrämpfe
- veränderte Bewegungsabläufe
- zieht beim Laufen ein Bein stärker an
- Beine zittern
- angeschwollene Gelenke oder Muskeln

Ursache feststellen

1. Altersbedingt

In der Wachstumsphase eines Junghundes ist zeitweises Humpeln ganz normal. Aber auch bei älteren Hunden kann eine altersbedingte Lahmheit auftreten. Dabei kann es sich beispielsweise um degenerative Gelenkerkrankungen wie Arthrose handeln. Generell wird ein Hund im Alter anfälliger für Lahmheit und Humpeln. Gelenke und Knorpel verschleißen immer mehr und es kommt häufiger zu Problemen mit der Wirbelsäule.

2. Überanstrengung

Eine weitere Ursache kann sportliche Überforderung sein. Dies gilt besonders für Junghunde. Sie können sich schnell leichte Zerrungen oder Muskelkater zuziehen. Hervorrufen kann dies zum Beispiel langes nebenher Laufen bei einer Fahrradtour.

3. Leichte Verletzungen

Genau wie wir Menschen können auch Hunde umknicken. Verstauchungen, Verrenkungen oder Sehnenzerrungen können die Folge sein. Vielleicht hat sich dein Hund auch einen Fremdkörper in die Pfote getreten. Dies können kleine Steinchen oder Glassplitter sein. Auch Insektenstiche können ein vorübergehendes Humpeln verursachen. Untersuche die Pfote deines Hundes und achte dabei auf Fremdkörper. Oft sind sie schwer zu erkennen. Wenn du sie aber erst einmal entfernt hast, kann dein Hund wieder umherspringen wie vorher.

4.   Schwere Verletzungen

Schwerwiegender sind Ursachen wie Muskelrisse, Knochenbrüche oder Probleme an der Wirbelsäule. Sie können durch Unfälle wie Stürze entstehen.

5.   Übergewicht

Übergewicht kann sich auf die Bewegungsabläufe auswirken und Gelenkprobleme hervorrufen. Achte also unbedingt auf seine Ernährung, damit er auch weiterhin gesund und lebensfroh bleibt.

6.   Krankheiten

Organische Beschwerden oder genetisch bedingte Krankheiten können ebenfalls zu Lahmheit führen. Dazu zählen unter anderem Tumore, Muskelschwund oder Wachstumsstörungen.

Sofortmaßnahmen, die du selber durchführen kannst

·   **Schongang:**

Nimm deinem Hund fürs erste den Wind aus den Segeln. Sobald du eine Veränderung des Gangbildes erkennst, sollte sich dein Hund schonen. Das bedeutet: weniger Herumtoben und kürzere Spaziergänge. Dadurch können schlimmere Verletzungen vermieden werden und vielleicht verschwindet das Humpeln dadurch auch wieder.

· **Pfoten abtasten:**

Prüfe, ob sich etwas in die Pfote oder zwischen die Zehen eingetreten hat. Achte dabei besonders auf Dornen und Glassplitter. Sie sind oftmals schwer zu erkennen, da sie tief im Ballen sitzen. Auch Einrisse oder wunde Stellen können das Humpeln verursachen. Taste die Gelenke ab und prüfe auf Schwellungen. Überprüfe ebenfalls, ob dein Hund Schmerzreaktionen zeigt, wenn du seine Gelenke bewegst.

· **Weitere Maßnahmen:**

Hast du einen Fremdkörper in der Pfote gefunden, gilt es nun, ihn zu entfernen. Sei dabei sehr vorsichtig. Wenn du es dir selbst nicht zutraust, kann dir dein Tierarzt helfen. Reinige die Pfote und desinfiziere sie. Vermutest du eine schlimmere Verletzung wie einen Knochenbruch, solltest du die betroffenen Gliedmaßnahmen ruhigstellen und stabilisieren. Kontaktiere umgehend einen Tierarzt.

Im Zweifelsfall und bei starken Schmerzen solltest du immer einen Tierarzt aufsuchen. Nur er kann mit Sicherheit die Ursache für das Humpeln feststellen und behandeln. Erzähle dem Tierarzt, ob dies häufiger vorkommt, welche Ursache du vermutest und welche Symptome dein Hund seitdem gezeigt hat.

Dein Hund humpelt?
[4 Ursachen & Sofort Lösungen]

Ursachen	Lösungen
1. Altersbedingt	1. Schongang
2. Überanstrengung/ kleinere Verletzungen	2. Vorsichtig abtasten
3. Schwerere Verletzungen	3. Ursache bekämpfen
4. Übergewicht	4. Tierarzt

HUNDEO.COM

5.8. Ständiges Kratzen

Wenn sich dein Hund häufig kratzt, an sich knabbert oder sein Fell reibt, leidet er womöglich unter starkem Juckreiz. Sowas kann zur Qual werden und sollte frühzeitig behandelt werden. Hier findest du mögliche Gründe für das Kratzen und wie du deinem Hund helfen kannst.

Ursachen für Juckreiz

Die Gründe für ständiges Kratzen können vielseitig sein. Parasiten, Allergien, Hautprobleme, psychologische Ursachen oder Fremdkörper sind in den meisten Fällen die Ursache.

1. Befall von Parasiten

Parasiten gehören zu den häufigsten Verursachern von Juckreiz. Besonders in den wärmeren Jahreszeiten befallen sie Hunde.

Flöhe: Mit einem Flohkamm kommst du ihnen auf die Schliche. Erkennst du beim durchbürsten schwarze Krümel, solltest du deinen Hund mit Anti-Floh-Shampoo baden und sein Fell häufig ausbürsten. Auch seine Lieblingsplätze und sein Geschirr könnten von diesen Parasiten befallen sein. Vergiss also nicht, alles gründlich zu säubern und mit einem Anti-Floh-Mittel zu behandeln.

Milben: Diese Parasiten setzen sich an zarten Hautstellen wie zwischen den Zehen, in den Ohren oder auf den Beinen fest. Kratzt sich dein Hund ausnahmslos am Ohr, könnten Ohrmilben daran schuld sein. Bei einem Befall siehst du dunklen Schmutz in den Ohren. Weitere Indizien sind rote Pusteln auf der Haut und verkrustete Ellenbogen. Anfangs können Mittel aus dem Tierhandel helfen. Zeigt dein Hund bei der Anwendung Schmerzen, sind tieferliegende Probleme durch deinen Tierarzt abzuklären.

Zecken: Zecken können ebenfalls Auslöser für starken Juckreiz sein. Falls du eine unter dem Fell deines Hundes entdeckst, solltest du sie so früh wie möglich entfernen. Wie du das tust, ohne die Haut zu verletzen, erfährst du im Kapitel 2.10.

Pilze: Schimmelpilze und Hefepilze können durch Berühren, Ablecken oder Einatmen der Sporen zu Juckreiz führen. Vor allem der Hefepilz betrifft oft Hunde. Eigentlich handelt es sich um einen natürlichen Bestandteil der Hautflora. Ist diese jedoch gestört oder das Immunsystem geschwächt, breiten sich die Pilze aus und sorgen für eine allergische Reaktion. Die Anzeichen erkennst du an dem strengen hefeartigen Geruch.

2. Allergien

Genau wie wir Menschen können auch Hunde gegen bestimmte Dinge allergisch sein. Allergien sind ein großer Faktor für Juckreiz und nehmen stetig zu.

Flohspeichel: In der Regel wird die Reaktion durch einen einmaligen Flohbefall ausgelöst. Sie entsteht überwiegend in der Leisten- und Lendenregion und am Schwanz. Betroffen sind hauptsächlich Tiere vom zweiten bis sechsten Lebensjahr. Du erkennst es an Schwellungen und Krustenbildung der Haut und Haarausfall. Nach der Beseitigung der Flöhe ist es wichtig, die Haut deines Hundes zu beruhigen.

Futtermittelallergie: Verantwortlich dafür sind chemische Zusätze, Geschmacksverstärker und Farbstoffe im Futter. Aber auch Getreide, bestimmte Proteine sowie Laktose können bei Hunden Allergien auslösen. Du erkennst eine Futtermittelallergie neben dem Juckreiz an Magen- und Darmproblemen, Mundgeruch, Haarausfall und Schleim im Kot und Erbrochenen. Probiere am besten mehrere Futtersorten aus und verwende letztendlich das, was keinerlei Reaktionen verursacht hat.

Umweltallergie: Hierbei handelt es sich um eine Gräser- oder Pollenallergie. Ebenso können bestimmte Mineralien im Wasser, Wasserpflanzen oder Wasserparasiten eine Allergie verursachen. Die Symptome einer Umweltallergie sind trockene Haut, Schuppenbildung, Verkrustungen, Rötungen und kahle Stellen am Fell. Für die Behandlung verabreicht dein Tierarzt Tabletten und eine lindernde Hautcreme.

Kontaktallergie: Sie entsteht wenn dein Hund über die Nase oder den Körper mit Pestiziden, Dünger, Chemikalien, giftigen Pflanzen oder Metallen in Kontakt kommt. Die gestresste Haut bekommt rote Pusteln und Flecken. Die Allergie verschwindet bei Vermeidung des Auslösers. Eine lindernde Hautcreme hilft gegen das Jucken, bis sich die Haut erholt hat.

3. Körperliche Ursachen

In einigen Fällen kann Juckreiz auch durch körperliche oder psychische Ursachen entstehen.

Kratzen am Hinterteil: Reibt dein Hund sein Hinterteil auf dem Boden oder leckt auffällig stark daran, können Schmutzrückstände oder volle Analdrüsen die Ursache sein. Rückstände kannst du einfach mit einem feuchten Tuch entfernen. Sind die Analdrüsen verstopft, solltest du mit deinem Hund zu einem Tierarzt gehen. Andere Ursachen für einen juckenden After können Würmer sein. Im Kapitel „Wurmkur" erfährst du mehr über die Symptome und Behandlung dieser Parasiten.

Trockene oder schuppige Haut: Durch die Ernährung, zu häufiges Baden oder Vererbung kann die Haut deines Lieblings trocken oder sogar schuppig sein. Achte darauf, dass dein Hund genügend Nährstoffe wie Zink, Mineralien und Vitamine zu sich nimmt. Besteht ein Mangel an Vitaminen, hilft manchmal schon eine kleine Gabe Fischöl, ein Nahrungsergänzungsmittel oder ein Futterwechsel. Achte außerdem darauf, das Shampoo immer gründlich aus dem Fell zu waschen und sauberes Spülwasser zu verwenden. Mittel wie Nerzöl, Teebaumöl und Aloe

4 Gründe
warum sich dein
Hund ständig kratzt

Anzeichen

-Anhaltendes Kratzen
-Gerötete Haut
-Ausschlag, Pickel,
 Schuppenbildung
-Verkrustungen und
 Wunden
-Haarausfall

Ursachen

1. Befall von
   Parasiten
2. Allergien
3. Körperlich
4. Fremdkörper

HUNDEO.COM

177

Vera können ebenfalls gegen Juckreiz helfen.

Körperpflege: Ein dichtes Haarkleid, Verfilzungen oder Schmutz im Fell können auch dazu führen, dass sich dein Hund kratzt. Regelmäßiges Bürsten und Scheren des Fells im Sommer können vorbeugen.

Juckreiz an den Zitzen: Neben Parasiten und Allergien können ein Geschwür am Gesäuge oder eine Scheinträchtigkeit die Ursache für das Kratzen sein. Wenn die Zitzen rot, verletzt und angeschwollen sind, kann das Abwischen mit einem feuchten, kühlen Lappen spontan helfen. Trotzdem solltest du mit deinem Liebling zum Tierarzt gehen, um die Ursache abzuklären.

Psychisches Kratzen: Ab und zu kratzen sich Hunde auch ohne Juckreiz. Die Auslöser dafür sind Trennungsängste, Langeweile, Stress und Nervosität.

4. Weitere Ursachen

Einige Gründe für den Juckreiz sind sehr leicht zu beheben.

Fremdkörper: Manchmal juckt das Ohr, weil sich eine Ameise oder ein Käfer darin verlaufen hat. Dann hält dein Hund wahrscheinlich den Kopf schräg und macht sich bei dir bemerkbar. Versuche den Fremdkörper sanft zu entfernen. Vor allem wenn er tief sitzt und dein Hund Schmerzen hat, ist Vorsicht geboten.

Halsband, Brustgeschirr und Maulkorb: In der Regel gewöhnt

Halsband, Brustgeschirr und Maulkorb: In der Regel gewöhnt sich dein Hund nach einer Weile an das Tragen dieser Sachen. Zu Beginn versucht er jedoch häufig durch Kratzen oder Schütteln die Last loszuwerden. Kontrolliere trotzdem, ob das angebrachte Detail richtig passt und ob sich Schmutz, Parasiten oder Stiche darunter befinden.

Solltest du dir nicht sicher über die Ursache und Behebung des Juckreizes sein, empfehle ich dir, einen Tierarzt um Rat zu bitten. Denn auch wenn keine ernsthafte Krankheit hinter dem Kratzen stecken sollte, ist der Juckreiz selbst schon Plage genug.

5.9. Flohbefall

Wenn sich dein Hund ungewöhnlich häufig kratzt, an sich herumknabbert und beißt, könnten das Anzeichen eines Flohbefalls sein. Wie du Hundeflöhe erkennst und was du gegen sie tun kannst, erfährst du in diesem Kapitel.

Der Hundefloh ...

... ist ein Parasit, dessen Hauptwirt der Hund ist.
... ist zwischen 2 und 4 mm lang, hat eine rötlich-braune Farbe und keine Flügel.
... kann bis zu 50 cm weit und 25 cm hoch springen.
... legt bis zu 50 Eier am Tag.
... lebt ca. 3 Wochen.
... saugt 30 Minuten am Tag Blut.
... tritt überwiegend in ländlichen Regionen auf. Der Stadthund wird eher von Katzen- oder Menschenflöhen heimgesucht.

Mögliche Folgen von Flohbefall

Der Floh sondert nach dem Einstich in die Haut Stoffe ab, die die Blutgerinnung hemmen und allergische Reaktionen und Entzündungen auf der Haut auslösen. Dadurch kommt es zu heftigem Juckreiz insbesondere hinter den Ohren, auf dem Rücken, an der Schwanzwurzel und am Bauch. Der betroffene Hund kratzt sich ständig und fängt sogar an zu knabbern oder zu beißen. Das kann wiederum zu Gewebeschäden führen.
An den Einstichstellen kommt es zu Rötungen, Schwellungen und Quaddeln. Flohstiche können auch zu Haarausfall führen.

Wie erkenne ich, ob mein Hund Flöhe hat?

Wenn sich dein Hund regelmäßig und heftig kratzt, ist dies das erste Anzeichen für Flöhe. Um sicherzugehen, kannst du den Partikel-Test durchführen. Nimm deinen Hund dafür am besten in die Badewanne. Gehe mit einem Flohkamm durch das Fell deines Hundes. Vielleicht bleiben einige der Parasiten am Kamm hängen. Außerdem fallen eventuell Partikel auf den Boden. Nimm ein feuchtes Küchenpapier, lege es auf die Partikel und drücke ganz leicht darauf. Ist auf dem Tuch eine rötliche Färbung zu erkennen, handelt es sich um Flohkot.

Mittel gegen Flohbefall

Gegen einen nicht so starken Befall kannst du Spot-On-Präparate, Flohpuder oder Flohshampoos benutzen. Die Präparate werden je nach Anweisung des Herstellers auf den Nacken des Hundes aufgetragen. Danach verteilen sich diese Inhaltsstoffe gleichmäßig im natürlichen Fettfilm der Haut. Dort töten sie dann sowohl die Flöhe als auch ihre Eier ab.
Flohpuder wird in das Fell des Hundes eingerieben. Beim Kontakt mit den Flöhen entzieht es ihnen Körperflüssigkeit. Sie trocknen aus und sterben.
Flohshampoos enthalten chemische Wirkstoffe, die dafür sorgen, dass sowohl Flöhe als auch Larven und Eier absterben.
Bei einem stärkeren Befall solltest du deinen Tierarzt um Rat fragen.

Wie befreie ich mein Zimmer von Flöhen?

Nur deinen Hund von den Flöhen zu befreien ist gerade einmal die Hälfte der Arbeit. Ist dein Hund von Flöhen befallen, sind es deine Wohnung und dein Auto sicherlich auch.

Intensiver Großputz ist angesagt!

Am besten ist es, wenn du parallel deinen Hund und alle Räumlichkeiten von den Parasiten befreist. Beachte dabei alle Stellen, an denen sich dein Hund regelmäßig aufhält. Besonders in Spalten und Ritzen sowie an feuchten, warmen und dunklen Orten fühlen sich Flöhe, deren Eier und Larven besonders wohl. Da die Parasiten auch ohne Wirt mehrere Monate überleben können, solltest du die Putzaktion drei Wochen lang alle zwei bis drei Tage wiederholen.

1.   Staubsaugen und Dampfreinigen

Besonders effektiv ist es, wenn du den Staubbeutel deines Staubsaugers vorher mit Flohpuder behandelst. Auch ein Dampfreiniger macht sich für die Großputzaktion sehr gut. Lass keine Ecke aus und denke besonders an Ritzen, Spalte sowie Ober- und Unterseite von Teppichen. Entsorge den Staubbeutel nach dem Saugen außerhalb deiner Wohnung und desinfiziere den Staubsauger danach.

2.   Textilien waschen

Wasche alle Textilien, mit denen dein Hund in Berührung gekommen ist, bei mindestens 60°C. Sind Textilien zu empfindlich für diese Temperaturen, kannst du sie für etwa eine Woche in die Tiefkühltruhe legen.

3.   Feucht wischen

Wische regelmäßig Boden, Wände, Ecken und Kanten feucht. Benutze dabei einen desinfizierenden Haushaltsreiniger. Denke daran, ab und zu das Wischwasser zu erneuern.

4. Gegenstände entsorgen

Auch wenn es dir schwerfällt: Entsorge alle Gegenstände, die sich nicht reinigen lassen.

5. Flohspray kaufen

Dieses Mittel enthält synthetische Wirkstoffe, die sowohl Flöhe als auch Eier vernichten. Während der Anwendung sollten sich keine Tiere oder Kinder in den Räumlichkeiten aufhalten.

Die richtige Vorbeugung

Damit es erst gar nicht so weit kommt, kannst du einige Produkte zur Vorbeugung anwenden. Flohtabletten enthalten beispielsweise Wirkstoffe, die die Flöhe durch einen Biss aufnehmen und danach absterben lassen. Auch Flohhalsbänder gewähren einen guten Schutz vor Flöhen, Zecken und einigen Mückenarten.

Trotz dieser vorbeugenden Maßnahmen kann sich ab und zu ein Floh in das Fell deines Lieblings verirren. Aber kein Grund zur Beunruhigung: Nun kennst du ja einige Tricks zum Bekämpfen dieser lästigen Parasiten.

5.10. Vergiftung

Eine Vergiftung kann sehr schwerwiegende Folgen haben und sogar tödlich enden. Deswegen ist es wichtig, die Symptome sofort zu erkennen und schnell zu handeln. Vieles kann für Hunde giftig sein: Pflanzen, Lebensmittel, Chemikalien, Giftköder und noch vieles mehr. Sei also immer wachsam und merke dir, was im Notfall zu tun ist.

Symptome einer Vergiftung

Jedes Gift wirkt anders und somit können auch die Symptome sehr vielseitig sein. Hier findest du einige, die bei den meisten Vergiftungen auftreten:

- Erbrechen
- Durchfall
- Appetitlosigkeit
- Unruhe
- Apathie
- Lähmungserscheinungen
- vermehrte Speichelproduktion
- Blut im Erbrochenen, Kot oder Urin
- Kreislaufbeschwerden
- Zittern
- Krämpfe
- Atembeschwerden
- Atemstillstand
- Organversagen

Treten einige der oben genannten Symptome bei deinem Hund auf, darfst du keine Zeit verlieren. Deswegen solltest du auch schon zum Tierarzt gehen, wenn du nur den Verdacht hast, dass dein Tier etwas Giftiges gefressen hat. Warte auf keinen Fall bis die ersten Symptome auftreten. Dann könnte es nämlich schon zu spät sein.

1. Ruhe bewahren

Eine Vergiftung kann schwerwiegende Folgen haben, das ist keine Frage. Es bringt aber niemandem etwas, wenn du in Hektik verfällst. Bleibe also ruhig und überlege, was du als nächstes tust. So kommt es zu keinen unüberlegten Handlungen. Gleichzeitig beruhigst du deinen Hund. Das letzte, was er nun braucht, ist Aufregung.

2. Erste Hilfe

Wenn die Vergiftung schon fortgeschritten ist und dein Hund bewusstlos ist, solltest du Erste Hilfe leisten. Bringe ihn in die stabile Seitenlage und überprüfe immer wieder seinen Puls und seine Atmung. Stell dich darauf ein, im Notfall Wiederbelebungsmaßnahmen durchzuführen.

3. Kohletabletten geben

Die sogenannte Aktivkohle bindet das Gift im Magen-Darm und reduziert die Wirkung und damit die Vergiftungserscheinungen. Sie wirkt aber nur, wenn seit der Aufnahme des Gifts noch nicht viel Zeit vergangen ist und noch keine Symptome aufgetreten sind.

Jeder Hundehalter sollte für den Notfall Kohletabletten im Haus haben und sie gegebenenfalls auch zum Spaziergang mit-

Jeder Hundehalter sollte für den Notfall Kohletabletten im Haus haben und sie gegebenenfalls auch zum Spaziergang mitnehmen.

4. Sofort zum Tierarzt

Fahre schon beim ersten Verdacht sofort zu einem Tierarzt oder in eine Tierklinik. Informiere den Arzt am besten telefonisch über den Notfall. Dann kann er sich darauf einstellen und eventuell schon ein Gegenmittel bereithalten. Erzähle ihm von deiner Vermutung über die Art der Vergiftung sowie über die aufgenommene Menge. Außerdem solltest du ihm alle Symptome schildern. Wenn es möglich ist, solltest du das Gift sogar mitbringen.

Wenn rasch gehandelt wird, erhöht das die Überlebenschancen deines Hundes enorm. Deswegen gilt: Bei dem Verdacht einer Vergiftung so schnell wie möglich handeln.

5.11. Ohrenentzündung

Ohrenentzündungen sind bei Hunden weit verbreitet. Leider sind sie für unsere Lieblinge sehr schmerzhaft und können unbehandelt zu dauerhaften Schäden führen. Deswegen ist es sehr wichtig, dass du die Symptome erkennst und schnell handeln kannst.

Entzündungen können in verschiedenen Bereichen des Ohres auftreten und unterschiedliche Ausprägungen haben. Meistens sind nur das äußere Ohr oder das Mittelohr betroffen. In schweren Fällen kann auch das Innenohr entzündet sein. Die Entzündung wird durch Bakterien ausgelöst, die sich im Ohrkanal ausbreiten. Einige Hunde sind besonders häufig betroffen. Das sind vor allem Hunde, die oft ins Wasser gehen, Schlappohren haben oder allergisch reagieren.
Je tiefer die Entzündung im Ohr fortschreitet, desto gefährlicher ist sie. Bleibt sie unbehandelt, kann es zu Trommelfellverletzungen, Schwerhörigkeit sowie Verletzungen des Gleichgewichtsorgans kommen. Das Innenohr liegt in der Nähe des Gehirn und des Gesichtsnervs. Dabei besteht die Gefahr, dass die Bakterien bis in diese Bereiche vordringen und eine Hirnhautentzündung hervorrufen. Dies kann für einen Hund lebensbedrohlich sein.

Allergien, Erkrankungen oder Parasiten als Ursachen
Die Entzündung im Ohr wird durch Bakterien verursacht. Doch oft begünstigen andere Faktoren die Ausbreitung der Bakterien. Mögliche Auslöser können Allergien sein. Das liegt daran,

dass Hunde über die Ohren entgiften. Auch bestimmte systemische Erkrankungen und Autoimmunerkrankungen können eine Ohrenentzündung begünstigen. Die Schwächung des Organismus macht sich dann durch eine chronische Entzündung des Ohres bemerkbar. Auch Milben- oder Pilzbefall können eine Entzündung verstärken.

So erkennst du eine Ohrenentzündung

Durch die auftretenden Schmerzen wird dein Hund in der Regel auf sich aufmerksam machen. Unabhängig von der Ursache der Entzündung kannst du folgende Hauptsymptome erkennen:

- Schiefhalten des Kopfes
- Häufiges Kopfschütteln
- Häufiges Kratzen am Ohr
- Rötungen oder Schwellungen im Bereich der Ohrmuschel
- Empfindliche Reaktion bei Berührung

Je stärker der Ohrkanal sowie das Mittel- oder Innenohr betroffen sind, desto größer wird der Leidensdruck für deinen Hund. Eine Mittelohrentzündung geht oft mit Fieber und sehr starken Schmerzen einher. Ist das Innenohr betroffen, kann die Entzündung auf den Gesichtsnerv oder sogar auf das Gehirn übergreifen. Im schlimmsten Fall treten halbseitige Gesichtslähmungen auf. Das Auge auf der betroffenen Seite kann tränen und ist geschwollen. Sollte das Gehirn betroffen sein, kann es zu Wesensveränderungen, Gleichgewichtsstörungen und Aggressionen kommen. Damit es erst gar nicht so weit kommt, solltest du schon bei den ersten Symptomen einen Tierarzt aufsuchen.

Ohrenentzündung
beim Hund

🐾 kann sehr schmerzhaft und gefährlich werden

🐾 Anzeichen: Ohrmuschel innen gerötet, Kopf schief halten, häufig am Ohr kratzen

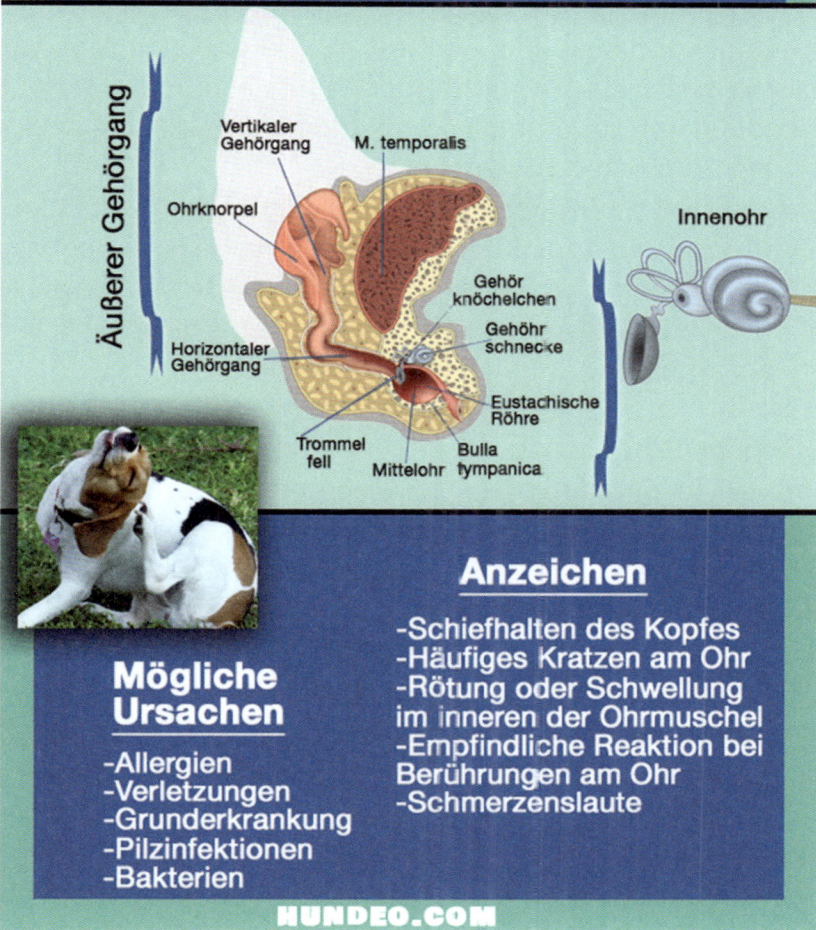

Äußerer Gehörgang

Vertikaler Gehörgang

M. temporalis

Ohrknorpel

Innenohr

Gehör knöchelchen

Gehöhr schnecke

Horizontaler Gehörgang

Eustachische Röhre

Trommel fell

Bulla tympanica

Mittelohr

Anzeichen

-Schiefhalten des Kopfes
-Häufiges Kratzen am Ohr
-Rötung oder Schwellung im inneren der Ohrmuschel
-Empfindliche Reaktion bei Berührungen am Ohr
-Schmerzenslaute

Mögliche Ursachen

-Allergien
-Verletzungen
-Grunderkrankung
-Pilzinfektionen
-Bakterien

HUNDEO.COM

Behandlungsmöglichkeiten

Als erstes geht es darum, die Entzündung einzudämmen. Dies kann durch die Gabe von Antibiotika erfolgen. Entweder wird das Ohr mit einer antibiotischen Salbe behandelt oder es wird eine Therapie mit Tabletten durchgeführt.

Bitte wende keine natürlichen Heilmittel an, ohne dies vorher mit deinem Tierarzt abgesprochen zu haben.

Sollte eine Allergie der Grund für immer wieder auftretende Ohrenentzündungen sein, solltest du die allergieauslösenden Faktoren herausfinden. In diesem Fall ist es auch wichtig, die Funktionen von Leber und Nieren durch die Gabe von entsprechenden Präparaten zu stärken.

Während und direkt nach einer Ohrenentzündung solltest du deinen Hund nicht ins Wasser lassen. Feuchtigkeit begünstigt das Klima, in dem sich Bakterien wohlfühlen. Nasse Ohren können die Entzündung verschlimmern und den Therapieerfolg negativ beeinflussen.

Die richtige Vorbeugung

Damit dein Hund langfristig von schmerzhaften Ohrenentzündungen verschont bleibt, solltest du vorbeugen. Dazu genügen einige einfache Maßnahmen, die du regelmäßig durchführen solltest.

Die Pflege und Reinigung der Ohren sind dabei das wichtigste. Kontrolliere die Ohren deines Hundes wöchentlich auf Entzündungen, Pilze oder Milbenbefall. Dabei kannst du zur Vorbeugung etwas Kokosöl oder Teebaumölsalbe in das Innere der Ohrmuschel einmassieren.

Sollte dein Hund unter Allergien und Unverträglichkeiten leiden, musst du darauf achten, sein Futter und seine Umgebung frei von Allergenen zu halten. Achte dabei immer auf eine hochwertige Qualität des Futters. Ratsam ist es auch, verträgliches Gemüse, Kräuter und Öle auf den Speiseplan zu setzen. So stärkst du auf Dauer sein Immunsystem und beugst schmerzhaften Ohrenentzündungen vor.

5.12. Analdrüsenverstopfung

Rutscht dein Hund mit dem Hintern über den Boden? Oder versucht er sich ständig den After zu lecken? All das können Anzeichen für verstopfte Analdrüsen sein. Bleibt dies unbehandelt, kann es zu Analdrüsenentzündungen und schmerzhaften Abszessen kommen.

Die Analdrüsen von Hunden werden auch oft Analbeutel genannt. Sie sind ein Sammelort für ein spezielles Drüsensekret am Ende des Dickdarms. Dieses Sekret sorgt für den charakteristischen Geruch jedes einzelnen Hundes. So erkennen sich die Tiere untereinander. Während des Kotens wird das Sekret abgesondert, sodass der Hund sein Revier markiert. Außerdem hilft das Sekret aus den Analbeuteln den Tieren, den Kot leichter abzusetzen und Feinde abzuwehren.

Normalerweise bereiten die Analdrüsen eines Hundes keine Probleme. Hin und wieder kann es jedoch passieren, dass sich zu viel Sekret ansammelt und die Ausgangskanäle der Analdrüse verstopfen.

Wie du eine Verstopfung der Analdrüsen erkennst

Besonders auffällig ist das sogenannte Schlittenfahren. Hierbei rutscht der Hund mit seinem Hintern über den Boden. Wahrscheinlich leckt oder beißt er sich zusätzlich am After. Damit versucht er, sich von dem Juckreiz zu befreien. Neben diesen Verhaltensauffälligkeiten erkennst du entzündete Analdrüsen an Rötungen und Schwellungen. Verschlimmert sich die Entzündung, vermeidet der Hund letztendlich das Laufen und setzt sich seltener auf den Hintern. Spätestens bei einer solchen Symptomatik sollte dem Tier geholfen werden. Die verschärften Entzündungsprozesse verstärken das Leiden des Hundes. Im schlimmsten Fall steigt seine Körpertemperatur und er wird zunehmend schwächer.
Hier findest du die wichtigsten Symptome noch einmal zusammengefasst:

- „Schlittenfahren"
- Belecken des Afters
- Rötungen
- Schwellungen
- vermeidet Laufen und Sitzen
- Fieber
- Appetitlosigkeit
- Apathie

Wenn du erste Anzeichen bemerkst, solltest du einen Tierarzt aufsuchen. Dieser kann dir zeigen, wie du die verstopften Analbeutel selbst entleeren kannst. Liegt eine Entzündung vor, wird er sicherlich entsprechende Medikamente und Salben verschreiben. Nur wenn auch das nicht hilft, solltet ihr eine Operation und das Entfernen der Analdrüsen erwägen.

So kannst du die Analbeutel entleeren

Wenn du keinerlei Erfahrung mit dem manuellen Ausdrücken von Analbeuteln hast, solltest du auf jeden Fall zuerst einen Tierarzt um Hilfe bitten. Vor allem aber wenn die Analbeutel häufiger verstopfen, lohnt sich das Selbermachen. Dafür ist es wichtig, hygienische Bedingungen zu schaffen. Am besten eignen sich Latexhandschuhe. Papiertücher helfen dabei, das austretende Sekret aufzufangen.

Hebe als erstes den Schwanz deines Hundes an, um den After freizulegen. Deine Finger befinden sich nun seitlich unterhalb des Anus. Oft reicht es schon aus, diese Stelle sanft zu massieren. Eventuell ist es nötig, einen Finger in den Anus zu führen. Somit kannst du verhärtetes Sekret entfernen. Achte dabei darauf, besonders vorsichtig vorzugehen. Damit dein Hund währenddessen ruhig bleibt, kann ihn eine zweite Person zum Beispiel mit einem Leckerli ablenken. Falls du Blut oder Eiter bemerkst, solltest du die Behandlung abbrechen und einen Tierarzt aufsuchen.

Wenn du die Analdrüse von nun an regelmäßig massierst, wird es seltener zu Verstopfungen kommen. Mit der richtigen Hygiene kannst du ebenfalls vorbeugen und vermeidest Infektionen. Bei Unsicherheiten zu diesem Thema kannst du deinen Tierarzt um Rat bitten.

Analdrüse
beim Hund

- Verstopfte Ausgangskanäle der Analdrüsen mit Sekret
- Ist unangenehm und kann zu Entzündungen kommen
- kann zu schmerzhaften Bauchkrämpfen kommen

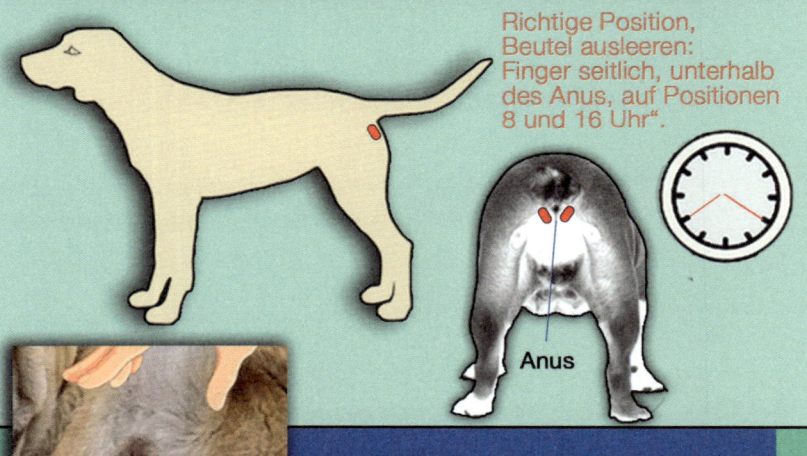

Richtige Position,
Beutel ausleeren:
Finger seitlich, unterhalb
des Anus, auf Positionen
8 und 16 Uhr".

Anus

Symptome

- Schlittenfahren
- Juckreiz
- Rötungen und
  Schwellungen
- Abzesse und
  Vereiterung
- Fieber

Mögliche Gründe

- Veranlagung
- Beschaffenheit Kot
  weicher Stuhl, harter Kot)
- chronische Verstopfung,
  chronischer Durchfall

→ Appetitlosigkeit und
Apathie sind immer
ernste Anzeichen für
einen Notfall!

5.13. Magendrehung

Auch wenn Magendrehungen nur selten auftreten, sollten sich Hundebesitzer unbedingt vorher über diese lebensbedrohliche Situation informieren. Eine Magendrehung kann schwerwiegende Folgen haben und endet ohne schnelle Behandlung tödlich. Wenn du aber im Notfall richtig handelst, rettest du deinem Hund das Leben. In diesem Kapitel erfährst du, wie du eine Magendrehung erkennst und was du tun kannst.

Wie kommt eine Magendrehung zustande?

Der Magen eines Hundes ist nur an zwei Punkten fixiert und ansonsten frei beweglich. Das ist wichtig, wenn dein Hund eine große Portion frisst. Diese Beweglichkeit hat aber auch einen Nachteil. Der Magen pendelt hin und her, dein Hund macht eine ungünstige Bewegung und plötzlich dreht sich der Magen um die eigene Achse.

Eine Magendrehung kann bei jedem Hund vorkommen. Die wirkliche Ursache dieser Verletzung wurde noch nicht herausgefunden. Jedoch konnte beobachtet werden, dass eine Magendrehung unter bestimmten Bedingungen häufiger auftritt. Dazu zählen:

- große Portionen Futter
- schnelles Fressen oder Trinken
- ruckartige Bewegungen wie Treppenlaufen oder auf dem Boden wälzen
- Magen-Darm-Entzündung, Stress
- großer, tiefliegender Brustkorb (besonders bei Boxer, Schäferhund, Dogge, Dobermann)
- Alter (ältere Hunde haben nicht mehr so straffe Bänder, die den Magen fixieren)
- Kombination mehrerer genannter Faktoren

Schwerwiegende Folgen

Hat sich der Magen einmal um seine eigene Achse gedreht, sind beide Ausgänge des Magens verschlossen. Durch das vorher aufgenommene Futter bilden sich Gase, die nun nicht mehr entweichen können. Dadurch bläht sich der Magen immer weiter auf. Nach einiger Zeit ist er zu groß für den Bauchraum und schnürt umliegende Organe und Blutgefäße ab. Als erstes wird das Zwerchfell beeinträchtigt, was die Atmung behindert. Dann werden auch die umliegenden Blutgefäße abgeschnürt. Es kann kein Blutaustausch mehr stattfinden, wodurch die Organe nachhaltig geschädigt werden. Wird das Gewebe der Magenwand dadurch undicht, können Nahrungsreste und Magensäure in den Bauchraum gelangen. Das kann eine schwere Bauchfellentzündung zu Folge haben. Insgesamt wird das Herz stark belastet und es können Herzrhythmusstörungen auftreten. Nach mehreren Stunden kann es zu einem Kreislaufschock kommen. Da sich der Magen nicht wieder alleine zurückdrehen kann, endet eine Magendrehung ohne Hilfe in jedem Fall tödlich.

So erkennst du eine Magendrehung

· Zusammenzucken, Jaulen oder Winseln
· eingezogener Bauch
· gekrümmter Rücken
· Unruhe
· ständiges Wechseln der Position
· vergeblicher Versuch des Erbrechens
· vermehrte Speichelbildung
· Nahrungsverweigerung
· aufgeblähter Bauch
· Magen klingt hohl
· Kreislaufprobleme
· Teilnahmslosigkeit
· schwere Atmung, starkes Hecheln
· schneller Puls
· weiße Schleimhäute

Bei Verdacht: Schnell handeln

Sobald du den Verdacht hast, dass dein Hund an einer Magendrehung leidet, solltest du sofort zu einem Tierarzt oder in eine Tierklinik fahren. Rufe am besten vorher an. So kannst du sichergehen, dass die Praxis geöffnet hat. Außerdem kann sich dein Arzt dann besser auf den Eingriff vorbereiten. Erzähle dem Tierarzt so genau wie möglich von den Symptomen. Mithilfe einer Röntgenaufnahme kann er überprüfen, ob es sich wirklich um eine Magendrehung handelt.
Ist dies der Fall, muss als erstes das Gas aus dem Magen abgeleitet werden. Dafür wird entweder ein Schlauch durch das

Maul in den Magen gebracht oder eine Kanüle direkt in den Magen gelegt. Danach muss der Magen mithilfe einer Operation wieder in die richtige Position gebracht werden. Du kannst den Tierarzt vor der Operation bitten, eine Gastropexie durchzuführen. Das bedeutet, dass der Magen teilweise an die Bauchwand genäht wird. Dadurch ist das Risiko einer erneuten Magendrehung viel geringer. Dieser Eingriff ist besonders dann sinnvoll, wenn dein Hund anfällig für dieses Problem ist.

Tipps zur Vorbeugung

Die Ursachen einer Magendrehung wurden noch nicht vollständig erforscht. Deswegen ist auch eine Vorbeugung sehr schwierig. Trotzdem kannst du einige Faktoren meiden, die die Wahrscheinlichkeit einer Magendrehung erhöhen.

1. Gib deinem Hund kleinere Portionen.
2. Verwende einen Anti-Schling-Napf. Durch spezielle Ausstülpungen kann dein Hund nicht mehr so schnell fressen wie vorher.
3. Gib deinem Hund weniger Trockenfutter. Nassfutter ist besser verdaulich und bläht den Magen nicht zusätzlich auf.
4. Sorge dafür, dass sich dein Hund nach dem Fressen ausruht.

Magendrehung
beim Hund

- Der Mageneingang-und ausgang ist blockiert
- Notfall: kann lebensbedrohlich sein
- Handle daher schnell!

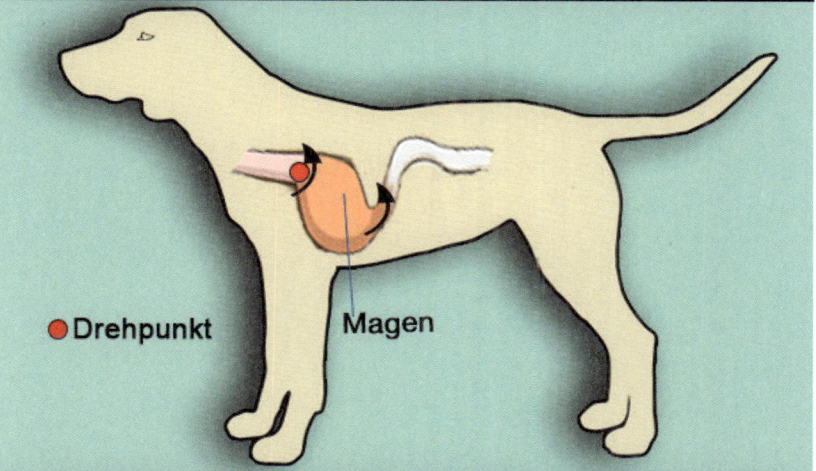

● Drehpunkt   Magen

4 Tipps zur Vorbeugung

1. Kleinere Portionen
2. Anti-Schling-Napf
3. Weniger Trocken-futter
4. Ruhe nach dem Fressen

Symptome

- Zusammenzucken, Jaulen oder Winseln
- gekrümmter Rücken
- Unruhe
- vergeblicher Versuch des Erbrechens
- vermehrter Speichel
- Nahrungsverweigerung
- schwere Atmung, starkes Hecheln

HUNDEO.COM

6 Schlusswort

Hunde bringen uns Freude, Glück, den einen oder anderen Lacher, aber auch Momente der Sorge. Kaum etwas jagt uns so viel Angst ein, wie nicht zu wissen, was unseren Lieblingen fehlt. Vor diesen Situationen können wir dich leider nicht bewahren. Was wir jedoch mit diesem Buch erreichen wollen, ist dass du dich mit Hundekrankheiten vertraut machst und im Notfall einen Leitfaden parat hast. Die hier dargestellten Inhalte erheben keinen Anspruch auf Vollständigkeit und ersetzen in keinem Fall den Rat eines ausgebildeten Tierarztes. Jedoch können sie dir helfen, dich mit dem Thema auseinanderzusetzen und dich weiterzubilden – der Gesundheit deines Hundes zuliebe.

Bei gesundheitlichen Fragen und Beschwerden ist der erste Ansprechpartner in jedem Fall der Tierarzt deines Vertrauens. Die Frage, ab welchem Zeitpunkt du einen Tierarzt aufsuchen solltest, ist nicht einfach zu beantworten. Aus jahrelanger Erfahrung möchte ich dir jedoch Folgendes sagen: Anfangs ist es ganz normal, übervorsichtig zu sein. Gehe lieber einmal mehr zum Experten. Mit der Zeit bekommst du ein Gefühl dafür. Du wirst deinen Hund so gut kennen, dass du merkst, wenn etwas nicht stimmt. Und du wirst auch ganz genau wissen, ob eine Kuscheleinheit zur Besserung genügt oder es sich um etwas Schwerwiegendes handelt.

In der heutigen Zeit ist es selbstverständlich geworden, verschiedenste Symptome bei Google zu suchen oder sich in Ratgebern wie diesem zu informieren.

Das ist keineswegs schlecht: Diese Methoden bieten uns eine Menge (in der Regel auch verlässliche) Informationen. Warum sollte man auch darauf verzichten?

Eine Diagnose vom Tierarzt ersetzen sie jedoch nicht. Der Fachmann kann nicht nur die Ursache der Symptome untersuchen, er kann auch eine Behandlung vorschlagen und deinen Liebling währenddessen betreuen.

Genieße die Zeit mit deinem Hund! Mit viel Zuneigung und jeder Menge Streicheleinheiten wird er sicherlich der glücklichste Vierbeiner, den man sich vorstellen kann. Er wird dich mit uneingeschränkter Liebe belohnen. Denn kaum ein Tier kann so ehrlich lieben, wie ein Hund.

7 Sachregister

A

B

C

D

E

F

G

H

I

J

Haftungsausschluss und Hinweis zu medizinischen Themen

Die hier dargestellten Inhalte dienen ausschießlich der neutralen Information und allgemeinen Weiterbildung. Sie stellen keine Empfehlung oder Bewerbung der beschriebenen oder erwähnten diagnostischen Informationen, Methoden, Behandlungen oder Arzneimittel dar.

Der Text erhebt weder einen Anspruch auf Vollständigkeit noch kann die Aktualität, Richtigkeit und Ausgewogenheit der dargebotenen Information garantiert werden. Der Text ersetzt keinesfalls die fachliche Beratung durch einen Tierarzt und er darf nicht als Grundlage zur eigenständigen Diagnose und Beginn, Änderung oder Beendigung einer Behandlung von Krankheiten verwendet werden.

Hundeo und die hier schreibenden oder prüfenden Autoren übernehmen keinerlei Haftung für Unannehmlichkeiten oder Schäden, die sich aus der Anwendung der hier dargestellten Information ergeben.

Deshalb: Konsultiere bei gesundheitlichen Fragen oder Beschwerden immer den Tierarzt deines Vertrauens.